奇跡の集落 やねだんを取材した日々

山縣由美子

羽鳥書店

My Days Spent with Yanedan's Miracle Workers: An Account of Insights and Interviews

Yumiko Yamagata

Hatori Press, Inc., 2019
ISBN 978-4-904702-78-9

奇跡の集落やねだんを取材した日々

目次

やねだんコラム

プロローグ

人口二八五人の集落にボーナスが出た！

「ボーナス、金一万円なり！」

二〇〇六年（平成一八）五月三日、鹿児島県の〝やねだん〟と呼ばれる集落の公民館。集落のリーダー豊重哲郎《とよしげてつろう》さんが晴れやかに叫びながら、ひとりひとりにボーナス袋を手渡していきます。地域再生にみんなで力を合わせてきたとはいえ、過疎高齢化の人口二八五人の集落にボーナスが出るなんて、誰も想像しませんでした。ですから、豊重さんが「ボーナス、金一万円なり！」と叫ぶたびに、集落の人々は拍手しながらも、なんだかおかしくて笑い声をあげるのでした。

豊重さんは、感謝の言葉をかけながらボーナス袋を手渡します。

「ムードづくりにバツグンに感謝です」。

「持病があるのに積極的に参加してくれましたね」。

最長老九二歳（当時）の福ヶ崎春香《ふくがさきはるか》おじいさんには、

「九〇歳を超えても、いも畑には一番先に来てくれました……」。

と声をかけた豊重さん。そのあとの言葉は涙でとぎれとぎれになりました。

「人生を……このやねだんで……楽しんでください」。

ユーモアのある八〇歳の中尾ミエさんがみんなを笑わせます。

「やねだんにはボーナスが入ったっち、どろぼうが来やんならよかとに」

(やねだんにボーナスが出たからといって、どろぼうが来なければいいんだけど)。

「わっはっは」。

取材者として集落に通い続けた私と「どめちゃん」こと福留正倫《ふくどめまさみち》カメラマンは、こんな瞬間に立ち会えたことを夢のように感じていました。


ところが……。

やねだん集落はその後も、想像を超える展開を続けたのです。

鹿児島の小さな集落が逆境をはねのけ続けた物語、その心意気をどうぞ味わってください。

やねだん集落に通った理由

現在、私は母校・九州大学の理事として大学運営に携わっていますが、大学卒業後ずっと本職としてきたのはアナウンサーで、主にテレビの報道番組に関わってきました。

と言うと、筋金入りの報道ウーマンを想像なさるかもしれませんが、私がアナウンサーに採用された一九八一年(昭和五六)は、ニュース部門はまだ男性の世界というイメージでしたし、今でこそテレビは早朝から深夜まで報道番組花盛りですが、当時はテレビニュースというと娯楽番組と娯楽番組の間に男性アナウンサーがおひとり登場して五分間ほど厳かに読む、そんなイメージだったのです。私がアナウンサーをめざしたのは、高校時代に父の病気に直面し、家族を助けられそうな女性の職業、生涯続けられそうな専門職に思えたから。でも、憧れていたのは音楽番組で、自分の仕事として報道番組は一二〇パーセント想像できませんでした。

ですから、鹿児島県の民間放送、南日本放送《みなみにほん》（略称ＭＢＣ／ＴＢＳ系列）のアナウンサーに採用され、家族の暮らす地元で働けるだけで満足でした。ところが、時代はちょうど報道番組の黎明期。入社一年めに『ＭＢＣ6時こちら報道』という地方局としては非常に先駆的なニュースワイド番組の初代女性キャスターに起用していただき、身の丈を越える役割との格闘が始まりました。森羅万象と向き合うのはとても楽しいことでしたが、社会は多様でニュースは幅広く、それまで生きてきた視野が狭すぎて、何年たっても〝伝える仕事〟に自信が持てませんでした。「私は何をどう伝えたいんだろう」「何をしたくて放送の仕事をしているんだろう」そんな自信のなさをずっと抱えていたのです。

ようやく手ごたえを感じたのは四〇歳をすぎてからでした。

やねだんにたどり着くまでのこと、もう少し書かせてください。

三〇代に経験したひとつの取材が大きな転機となりました。当時、私は家族の事情で、福岡県でフリーランスのキャスターとして取材活動をしていました。その一九九〇年代、ごみ処理施設の建設をめぐる対立が全国各地で表面化していました。私が取材に通った福岡県宗像《むなかた》市では、産業廃棄物処理施設の建設計画をめぐって業者と住民が激しく対立、住民一五〇〇人が座り込み、連日、大きなニュースとして扱われました。私も必死に取材し続け、初めはがんばり甲斐も感じていました。ところが……しだいに疑問がふくらんでいったのです。

住民のみなさんが激しく対立している相手は末端の産廃処理業者の人々でした。よく考えると、もしそこに産廃施設ができたとして、そこに運ばれるごみを出すのはその人たちではありません。ごみを出すのは、どこかの企業であったり、私たちかもしれないのです。だとすると、この対立は誰のための対立？　そのことに気づいた時、対峙している住民と産廃業者、どちらも気の毒に思えてきたのです。

「私はこの問題の真の解決に役立つ伝え方をしているんだろうか？」

「対立の映像を繰り返し放送することが対立を深めていないだろうか？」

そんな問いが私の中から消えなくなりました。答えはわからないままでしたが、この時から私は、「対立より希望を伝えたい」と思うようになったのです。

「少しでも解決につながる、希望のある伝え方をしたい」と。

四〇歳になったころ、ようやく光がみえてきました。故郷鹿児島にもどった私は、川辺町《かわなべちょう》というひとつの町の環境への取り組みを六年間取材するという長期取材を初めて経験し、〝継続〟の実りを知ったのです。地域の人々の悩みや奮闘に寄り添いながら、記録し、伝え続ける。取材者としての私の足りないところも〝継続〟する中で深め補うことができ、継続報道が地域の人々を力づけることができることにも気づき、共に成長する喜びを味わえたのです。


そんなころ、やねだん集落が元気、という噂がちらほら耳に入ってきました。地域再生で注目され始めている、と。

実は、私は父の仕事の関係で、子どものころ、やねだん集落に隣接する町で暮らした時期があります。私の記憶に残るイメージは〝のどかで牛や豚がたくさんいる所〟。ニュースの舞台となるような特別な何かが起こることは永遠になさそうに見えました。

ところが、リーダー豊重哲郎さんの講演をたまたま聴き、やねだん集落ではものすごく大切な何かが進行しているように感じたのです。

豊重さんの次のような言葉が私をくぎ付けにしました。

「行政や補助金に頼っていては〝感動〟がありません。自力で汗を流すからこそ〝感動〟があるのです。住民は命令や理屈では動きません。でも、〝感動〟し仲間意識を感じた時、住民は喜んで動いてくれます」。

〝感動〟が大切、と気づいている豊重さんというリーダーはただ者ではない、と感じました。人が〝感動〟し心を合わせた時どれだけ大きな力を発揮するか、私は川辺町の継続取材で実感していただけに、心にストンと落ちるものがありました。

「やねだんの映像記録をなんとしても残さなければ……。私が取材しないで誰がする？」

すぐ身近にあった故郷の底力に気づいていなかったことへの反省もありました。

豊重さんに初めて会いにいった時、私は珍しく大胆なことを言いました。

「私はきっと、やねだんを伝えるのに一番向いていると思います」。

そして、こう言いました。

「本当はもっと早くから取材を始めていたら、やねだんのみなさんが乗り越えてきたものをしっかり記録することができたのですが……。今からでは遅いかもしれないけれど、みなさんの取り組みを継続取材させていただけませんか？」

すると、豊重さんの答えは意外なものでした。

「山縣さん、あなたはちょうどいい時に来た。あなたがもっと早く来ていたら、私は取材を断っていたと思う。小さな集落がまとまるのは繊細なもので、まとまりきらないうちにテレビカメラがどんどん入ってきたら、まとまるものもまとまらなくなる。特に私はリーダーとして、しっかりまとまるまでは黒子でいるべきだと思う。でも、今ならきっと大丈夫。記録を残していただくのはありがたいので、どうぞよろしくお願いします」。

この言葉に、豊重さんは本物のリーダーだと、ますます感じ入ったのです。

ところで、「私が取材しないで誰がする？」と思った人物が私以外にもいました。福留正倫カメラマンです。彼は、やねだんの取材に出かけた経験があり、強く魅かれていたそうです。継続取材のパートナーとしてお願いした時、彼はこう言いました。

「ぼくは今まで、みんなが行きたがらない取材に行こうと心がけてきました。でも、やねだんはぼくが行き続けたい、と初めてわがままを言いたい所です」。

お互いに、何年でもやねだんに通いたい、と思っていました。

強い覚悟をもった取材仲間と踏み出せたことは、本当に幸運でした。

やねだんの
地域再生は
こう始まった

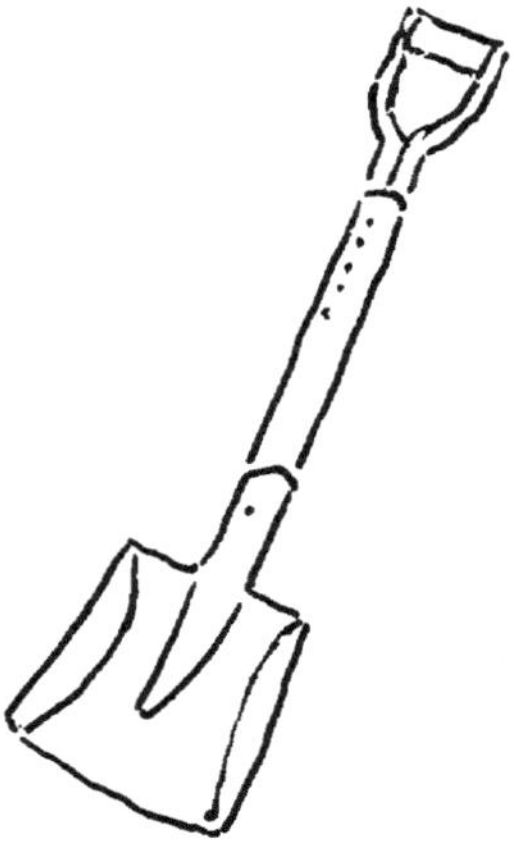

畜産の悪臭で有名な地域だった

やねだん集落は、鹿児島県の大隅半島のほぼ真ん中、鹿屋《かのや》市《し》串良《くしら》町《ちょう》にあります。正式な集落名は〝柳谷《やなぎだに》〟といいますが、昔から地元の人々が「やなぎだに」を鹿児島なまりで「やねだん」と呼び、それがすっかり愛称になっています。

一帯にはさつまいもや畜産飼料の畑がゆったりと広がり、鳥のさえずりがよく響き、取材で向かう時にまず感じるのは解放感、空が広く大きくみえるのです。そして、細くゆるやかにカーブした道に入ると集落の家々。手入れの行き届いたイヌマキやユスの生垣がずっと続きます。お金をかけた美しさでなく、ふだんの手入れの賜物です。やねだんに初めて訪れた人から、「まず生垣の美しさに驚いた」という感想をよく聞きます。

今でこそ、この細い道を視察団の大型バスが連日訪れるようになりましたが、以前は、むしろ人を遠ざける〝家畜の排せつ物の悪臭に悩む一帯〟でし

た。鹿児島県は牛も豚も産出日本一の畜産県、特に大隅半島は品質も評価もとても高く、自慢の産業であるだけに、悪臭に悩んでいました。つまり、悪臭はやねだんに限ったことではなかったのですが、やねだんには人口よりはるかに多くの牛や豚がいました。牛六〇〇頭、豚は七〇〇〇頭。集落の人は「当時は昼寝もできないほど臭かった」と笑います。

しかし、この悪臭こそが、思いがけないヒット商品を生み出すのです。それはあとでお話しします。

やねだんは悪臭だけでなく、過疎高齢化でさびれゆく悩みも抱えていました。子宝観音さまや馬頭観音さまに感謝する行事も祭りも途絶えてほこらの周囲は雑草だらけ。婦人会も青年団も自然消滅。人が集う機会は、年に一度の総会だけになっていました。

でも、一九九六年（平成八）、やねだんは変わり始めました。それは、集落の人が年に一度だけ集まる行事としてかろうじて続いていた総会で始まったのです。

初めて若いリーダーが選ばれた

一九九六年（平成八）三月、新年度の役員を決める集落の総会が開かれました。行事が自然消滅していたやねだんでは、年にたった一度の総会でも審議するテーマはなく、役員の交代だけが行われていたそうです。「自治公民館長」と呼ばれていた集落のリーダーは、六五歳前後の人が持ち回りで務めており、選挙も形だけでした。

ところが、この年の総会では、慣例より一〇歳も若い五五歳の豊重哲郎さんに、なんと九五パーセントの人が投票したのです。

一番驚いたのは、豊重さん本人でした。そのようなことになるとは豊重さんはじめ家族も兄弟も想像すらせず、何の事前情報も聞いていませんでした。しかし、集落がさびれゆくことへの危機感がじわりと広がり、「惰性の一年交代はやめよう」と長老たちがそっと話し合っていたのです。「仕掛け人は？」と私が聞いても、「ヒ・ミ・ツ」と今も教えてくれません。ますますドラマチックです。

総会に出ていた、豊重さんより八歳年上の有島俊哉さんはこう語ります。

「決起大会みたいだった。すごい拍手でした」。

とまどいながらも覚悟を決めた豊重さん、集落再生のためにどうしても築き上げたいと思ったものが二つあります。それは、「自主財源」と「人の和」でした。「自主財源」は、豊重さんがうなぎの養殖や料理店経営を通して培ったビジネス感覚からくるものでした。また、子どもの頃からスポーツが得意だった豊重さんは、仕事のかたわら、地元の上小原《かみおばる》中学校男子バレーボール部の監督を二〇年間務めました。弱小チームを県大会準優勝にまで導いた豊重さん。チームを強くするのは「人の和」だ、ということを確信していたのです。

一方、集落の人々も、店の経営者として、中学バレー監督として、そして集落の隣人としての豊重さんの献身的な姿に、「哲っちゃんならまかせられる」と思うようになっていたのです。

しかし「自主財源」と「人の和」。言うほど簡単ではありません。

お金をかけずにつくった〈わくわく運動遊園〉

豊重さんが、まずがく然としたのは「自主財源」のなさです。串良町から各集落へ支給される〝事務委託料〟と呼ばれる補助金が一世帯につき月額三〇〇円、集落の会費が一世帯あたり年額七〇〇〇円。それらは人件費など諸経費をまかなうもので、豊重さんがリーダーになった時、前年度からの繰り越し金、つまり、自由に使える余剰金は、たったの一万円しかなかったのです。

やねだん集落を再生させたい。でも、お金がない。お金がないなら、みんなで汗を流すしかない……いえ、汗を流すしかない、というより、みんなで汗を流すことができたら、心が近づき「人の和」が生まれるはず。みんなで汗を流すことが喜びにつながる何かがないか……?

豊重さんにひらめいたのは、集落の中心部にあった草ぼうぼうの土地でした。もとは民間のでんぷん工場があった町有地。荒れ放題の空き地が集落のど真ん中にあるのは、集落の衰退を象徴するようなものでした。その情けない土地を、みんなが集える公園に再生させたい。公園があれば拠点になる。そう考えたのです。一辺が三〇メートル、一辺が六五メートル、約二〇アール（二千平方メートル）の、公園にちょうどよい広さでした。

豊重さんは、集落民で設計を本業としている吉留春夫さんと話し合いながら計画案をつくり上げ、串良町の当時の町長に直談判してこの町有地をついに借用。一九九七年（平成九）、公園づくりが始まりました。二メートルの高さに生い茂っていた雑草の除去、山からの木の切り出し、埋め立て、建物の建設……大工や左官、造園の経験者を中心に、すべての作業のどこかに集落のおとな全員が関わりました。

豊重さんは〝集落総参加〟を実現させるためにも、〝丸太組み休憩所建築班〟、〝緑化班〟など班分けをして集落のおとな全員の名前を振り分けましたが、ひそかに心がけたことがあります。それは「命令しないこと」と「自ら率先して動くこと」でした。選挙で圧倒的支持を得たとはいえ、五五歳の若いリーダーだった豊重さんには、自ら率先して汗を流さなければ人はついてきてくれない、という自覚がありました。

当時のことを取材すると、集落の人々からこんな声がよく聞かれます。

「家の仕事が忙しいんだけどなあ、と内心思っても、豊重さんが一生懸命作業している姿をみると、出ていかんわけにはいかんやった」。

「豊重さんががんばるから、みんなも見習うようになったと思う」。

公園づくりはまる一年かかりましたが、自分たちでできる限りやってみた結果、業者に発注したのは電気工事だけ、わずか八万円の出費で完成したのです。

落成式に招かれた当時の町長、中島孝さんは、「この公園づくりを業者に頼めば三〇〇万円でも受注しないだろう」と感嘆したとのこと、八万円がいかに安上がりだったかがわかります。

中心メンバーのひとりだった吉留秋雄さんは、公園づくりを境にみんなの意識が変わった、と語ります。

「公園の横を通るたびに、うれしかったど。今度はあそこをああすればいいがねえ、ここをこうすればいいがねえ。そげな発想にみんながなっていったでよ」。

公園は、〈わくわく運動遊園〉と名づけられました。

豊重さんは、明らかに変わった集落の人々の意識について、こんなエピソードをあげます。

「わくわく運動遊園には未だにくずかごを置いていないのですが、いつも結構きれいなんです。みんなが自分たちの公園と思っているからでしょう」。

公園づくりの感動を共有できたことが仲間意識につながり、〝自分たちの生きる場所は自分たちでよくする〟という意欲も湧いてきました。

私は、この公園づくりの頃の写真が好きです。草創期の空気、やねだんの「人の和」の芽吹きが写っていて、じんとするのです。

〝集落総参加〟はしだいにやねだんの得意技となり、人海戦術によって「自主財源」も大きく増えていくことになるのです。

今度はあそこを
ああすりゃいいがね
ここを、こうすりゃいいがね、
そげなんね
発想でなってきたでよ
吉留秋雄さん

手づくり
〈わくわく運動遊園〉の完成

1997 年の公園づくりは、“集落総参加”が初めて実現した再生の原点。集落の真ん中にあった草ぼうぼうの工場跡地が〈わくわく運動遊園〉に生まれ変わりました。可能な限り手づくりしたため、1 年近くかかりましたが、わずか 8 万円の出費で完成。集落に自信と人の和が芽吹きました。下の写真、みなさんの誇らしそうな笑顔。草創期の空気が伝わる、とても好きな写真です。

年々増える
自主財源

さつまいもを植えてイチローを見に行こう！

一九九八年（平成一〇）、〈わくわく運動遊園〉が完成した年、やねだん集落の自主財源づくりも始まりました。

最初に手がけたのは、さつまいも生産でした。

・高齢化で、使われていない休耕地が増えている。
・さつまいもなら、もともと地元の特産品で栽培経験者も多い。
・農家の植え付け後に余った苗をタダで分けてもらえる。
・さつまいもは風水害に強く、あまり手がかからない。
・でんぷんの原料として需要が高い。

こんな理由で、まずはさつまいも、ということになったのですが、豊重さんは意外にも、高校生たちの活動としてスタートさせます。当時、集落にいた高校生一二人全員にこう呼びかけました。

「さつまいもを植えてイチローを見に行こう！」

この話を聞いた時、私はすぐに、一九六〇年代に農業革命を成功させた大分県大山町《おおやままち》のキャッチフレーズ「梅・栗植えてハワイへ行こう」を思い出しました。

「さつまいもをつくった収益で、プロ野球のイチローの試合をみんなで見に行かないか？」

豊重さんにはこんな思いがありました。最初の取り組みだった〈わくわく運動遊園〉づくりは、集落のおとなの団結に成功したけれども、高齢化が進む中、次の世代である子どもたちを輪に入れていく必要がある……。そこで豊重さんは、集落の組織に「高校生クラブ」を新設し、さつまいも生産のスタートを高校生に託してみようと考えたのです。

「でも、高校生に託すのは不安じゃなかったですか？」

私の問いに対する豊重さんの答えはこうでした。

「高校生たちはさつまいも生産など経験がないので、集落のおとなに教わりながらつくるしかない。おとなたちは手伝うはめになり、結果的にみんなでつくることになるはず。それに、高校生たちがやっていると、小さな子どもたちも興味を持つだろう。高校生はちょうどおとなと子どもの架け橋になってくれる世代なんです」。

「でも、高校生って勉強や部活で忙しいし、イヤがりませんでしたか？」

「イチローを見に行こうって誘ったから大丈夫だったよ。ははは」。

ねらい通り、高校生たちは、土づくり、苗の植え方、除草の仕方、すべてが初体験でぎこちなく、親や経験豊富なお年寄りなどが見るに見かねて応援するはめになり、また、小さな子どもたちも高校生の兄さん姉さんのまねをしたがり、畑には幅広い世代が集うようになりました。

初年度のさつまいも生産は三五万円の収益。目標だった東京ドームでの観戦にはお金が足りませんでしたが、福岡ドームでのダイエー対オリックス戦観戦バス旅行が実現し、本当にみんなでイチローを見ることができたのです。

こうして、休耕地を利用したさつまいも生産は、やねだんの〝集落総参加〟を象徴する風景となっていきました。

初年度の一九九八（平成一〇）年度、三〇アール（三千平方メートル）だった栽培は、四年後の二〇〇二年度には一ヘクタール（一万平方メートル）に増えて八〇万円の収益を上げるようになり、「自主財源」の最初の柱となりました。

悪臭が生んだヒット商品

〝集落総参加〟のさつまいも生産が軌道に乗るにつれ、じわりじわりと自主財源が増えていきました。地域再生がスタートして五年めの二〇〇〇（平成一二）年度には、自由に使える余剰金が四六万円になっていました。その資金をもとに取り組み始めたことが、思いがけないヒット商品を生み出します。ヒット商品をつくることが目的だったわけでなく、やねだん集落の長年の悩み、畜産の悪臭をどうにかしたいという思いから始まったことでした。
牛も豚も産出日本一の鹿児島県、特にやねだん集落のある大隅半島は畜産がさかんで、やねだんも集落の四分の一が畜産農家です。品質も評価も大変高く、大きな自慢の産業でしたが、牛六〇〇頭、豚七〇〇〇頭。大量に排出される家畜のふん尿とその悪臭対策に長年悩み続けていました。常に悪臭があっては、住んでよかった集落、住んでみたい集落にはなれません。どうしても克服したい課題だったのです。

ちょうどその頃、土着の微生物の力が注目されつつありました。鹿児島大学農学部でも地元の微生物を使った悪臭軽減の実験が行われていたり、やねだんでも悪臭対策に取り入れる畜産農家が出始めていたのです。やねだん集落のリーダー豊重哲郎さんは畜産農家ではありませんでしたが、かつてうなぎ養殖を本業としていた頃、うなぎの排せつ物のヘドロ化に悩み、解決の決め手が微生物だったことから、微生物の底力を実感していました。そこで、自主財源を使って、集落をあげて土着菌を学んでみることにしたのです。

マイクロバスをチャーターして鹿児島大学に視察に出かけるなど、何度も勉強会を重ねました。高齢者が多いだけに、初めは「無理じゃっど（無理だよ）」という声も少なくありませんでした。しかし、土着の微生物というお金のかからない原料で効果がありそうなのは大きな魅力でしたし、公園づくりやさつまいも生産で自信をつけたやねだん、みんなでやればなんとかなりそうな気がしてくるのでした。

約一年間の研修を経て、二〇〇一年（平成一三）の春から、集落で試作品をつくってみることになりました。

やねだんの雑木林にいくらでもいる糸状菌という微生物を採取して米ぬかに入れ、黒砂糖と水を加えて発酵させます。発酵促進に酸素を入れる必要があり、一日一回かくはんしなければなりません。その作業を、得意の〝集落総参加〟で当番制でやることになりました。一五〇〇キログラムの米ぬかの山を毎日一時間、四人一組でスコップでかくはんしたそうです。しかも、その作業時間はなんと毎朝五時三〇分から六時三〇分まで。

「えぇっ？　五時三〇分なんて、よくもまあ、みなさん賛成しましたね」。

「仕事や家の用事があるから、みんなが参加できるのは早朝しかなかった」。

毎日かくはんして、約三週間で完成品になります。それを、集落の畜産農家に配り、家畜のえさに混ぜて食べさせ続けました。すると、半年後に畜産農家三三戸へ行ったアンケートでは、「ふん尿の悪臭がしなくなった」「家畜の下痢などがなくなった」「畜舎のハエがいなくなった」という回答が九割にのぼり、予想以上の成果が出たのです。

そして、〈わくわく運動遊園〉の横に、〈土着菌センター〉が建設されました。

もちろんこれも〝集落総参加〟の手づくり建設です。かくはん作業も機械化し、やねだんの新商品として販売も始まりました。といっても、必要とする人がいれば……という程度の思いで、集落民には一キロ五〇円で、集落外の人には一キロ八〇円で販売しました。商品名も特になく、今でも〈土着菌〉と呼ばれています。特別なパッケージもありません。適当な袋に、スコップでドサッと入れて売っています。

ところが、これがヒット商品となり、やねだんの自主財源を大きく伸ば

しました。評判が評判を呼び、同じ悩みをもつ人々が県内各地から買いにくるようになったのです。みんなで土着菌の勉強を始めた二〇〇〇（平成一二）年度、集落の貯金である余剰金は四六万円でしたが、〈土着菌〉販売が始まった二〇〇二（平成一四）年度は一一二万円に増えました。そしてこの二〇〇二年、やねだんの地域再生の取り組みが初めて全国規模の表彰を受けることになります。日本計画行政学会が先導的な社会計画を表彰する第八回計画賞の最優秀賞に選ばれたのです。その後、やねだんには視察などで訪れる人が増え始め、二〇〇三（平成一五）年度は二七五万円と、余剰金もさらに増えたのです。

ヒット商品
〈焼酎やねだん〉を生み出した畑

自主財源をめざして始まったさつまいも生産は、その後〈焼酎やねだん〉に大化けします。私は20代の頃、「梅・栗植えてハワイへ行こう！」をスローガンとした大分県大山町の農業革命に感動し、その記録が愛読書でした。地域の潜在力に気づき、みんなの協働で逆境をはねかえす痛快さ。いつかこんな取材ができたら……と思ったものですが、20年後にやねだんに出会えたことは私の奇跡です。

上　畑仕事に精を出す、集落の人々。
下　初年度は30アール（3000平方メートル）だった畑。4年後には3倍以上に。

全世帯に
ボーナス！

大ヒット商品〈焼酎やねだん〉誕生

〈土着菌〉が威力を発揮したのは、畜産の悪臭対策だけではありませんでした。〈土着菌〉を土に入れると地力が回復し、無農薬でいい作物ができることも、集落の人々の実践からわかってきました。自家用に育てている野菜の畑に使ってみた人々から、「トマトやピーマンの味が良くなった」「玉ねぎの病気が出なくなった」などの声が次々と上がったのです。土壌改良効果も口コミで広がり、〈土着菌〉はますます売れるようになりました。

集落の住民が届けてくれる野菜のおいしさに驚きながら、また豊重さんにひらめきが訪れました。

「集落総参加でつくっているさつまいも畑にも〈土着菌〉を入れ、いい土からできる無農薬のさつまいもでおいしいオリジナル焼酎をつくれないだろうか？」

豊重さんは四〇代のころ、地元の産物でありながら捨てられていたさといもの親いもを生かして焼酎開発をしたことがありました。その時の同志だった児玉正達《まさみち》さんが地元の焼酎メーカー神川酒造の社長（当時）になっており、すぐ児玉社長に相談に行ったのです。

当時を振り返り、児玉さんはこう語ります。

「地域おこしのプライベートブランド商品というのは当時も各地でつくられていましたが、長続きしないものが多く、焼酎やねだんを共同開発する話がきた時、周囲から心配もされました。でも、豊重さんは言い出したことは必ずやり遂げる人。私はその男っぷりを買っていました」。

カラーページの写真（一八五頁）、豊重さんが顔ほどの大きさのさつまいもを持ってうれしそうに笑っています。私たちが取材した一シーンです。やねだんの地域再生一二年をまとめたドキュメンタリー番組の広報写真としていつも使っていた好きな写真ですが、このさつまいもが、土着菌を土に入れてつくるようになった焼酎用のコガネセンガン。豪快に大きくて甘く、見るからに生気あふれる肌色のさつまいもです。〝集落総参加〟のいも掘りの日は、畑のあちこちから歓声が上がります。

「こげなふっとかいもははいめっじゃ！」（こんな大きないもは初めてだ！）

「まこちたまがるようなからいも！」（ほんとにびっくりするようなさつまいも！）

大きくて甘いこの土着菌さつまいもの味を焼酎に生かすため、神川酒造の児玉社長は、仕上げの熟成を甕壺ですることを提案したそうです。

私は尋ねました。

「児玉さん、ふつうの焼酎はタンクで熟成させますよね？」

「そうです。でも、タンクで熟成させたあと、甕壺に移して貯蔵すると、熟成が進んで、それはまろやかな味になるんですよ」。

「でも、それだけ手間がかかるということですね。小さな集落の焼酎ですから、あまり売れなかったら……とは思いませんでしたか？」

「一時的な熱意じゃない、と感じたんですよ。豊重さんたちの地域再生の熱意をすごく感じて、疑いの気持ちが起きませんでした。力を合わせようと話したんです。焼酎の品質は私たちが全力を尽くす。その代わり、ラベルやPRはやねだんに頼む、と」。

二〇〇四年（平成一六）に完成した〈オリジナル焼酎やねだん〉。ラベルには、〝集落総参加〟のいも掘りの集合写真が載っています。〈やねだん〉の文字は、書道の得意な集落民、江口啓子さんが何枚も書いた中からみんなの投票で選びました。この焼酎ラベルの〈やねだん〉の文字は、やわらかさの中になんともいえない存在感があり、集落の愛称〝やねだん〟が定着するのに大きな役割を果たしました。私もやねだんを思う時、いつも江口さんの字体ごと思い浮かび、「柳谷」という本当の集落名を忘れそうなほどです。

焼酎ラベルの説明文には、こんな文章もあります。

「柳谷（やねだん）は、鹿児島県肝属《きもつき》平野《へいや》に位置し、集落ぐるみで豊かな生き方を目指す小さな〝むら〟です」。

集落ぐるみで豊かな生き方を目指すやねだんの自立は、〈焼酎やねだん〉

が誕生した二〇〇四年に確固としたものになりました。この年、政府が選定した「農村モデル」にも選ばれました。全国三〇か所の「農村モデル」のうち、市でも町でも村でもなく一集落でありながら選ばれたのはやねだんだけでした。ますます増えるお客さんのもてなしを充実させるため、食堂〈未来館〉も手づくり建設しました。

財源が増える中、〈焼酎やねだん〉は特に ファンを増やし続け、二〇〇四(平成一六)年度の余剰金は三九九万円、二〇〇五(平成一七)年度は四九八万円と自主財源の余剰金はついに五〇〇万円近くに達し、地域再生一〇年めの二〇〇六年(平成一八)、すべての世帯にボーナスという形で還元することになったのです。

集落民へのプレゼント

実はやねだんでは、〝全世帯ボーナス〟に至る前にも、集落民へのプレゼントが様々な形で行われてきました。

始まりは、早くも地域再生二年めでした。

一九九八年（平成一〇）、高校生たちを中心としたさつまいも生産で自主財源づくりがスタートした年、ひとり暮らしや老夫婦だけの世帯への〈緊急警報装置〉のプレゼントが始まりました。手元に置いておけるスイッチを緊急時に押すと、屋外のベルがジリリリ……と鳴って赤色灯がまわり、集落の人が駆けつけてくれるしくみです。

また、地域再生四年めの二〇〇〇年（平成一二）には〈寺子屋〉がスタートしました。〈寺子屋〉とは、週に一回、公民館で開かれる、いわばやねだん独自の補習塾です。やねだん集落の子どもなら誰でも、ここに行けば、勉強のわからないところを教えてもらえるのです。講師は地元の学校で評判のよかった元教師にお願いし、謝礼金はやねだんの自主財源から補助します。講師を務めている神田橋万聖《かずひろ》さんが〈寺子屋〉のねらいをこう話してくれました。

「みんなひとりひとり、つまずいている所やわからない所が違うんですよ

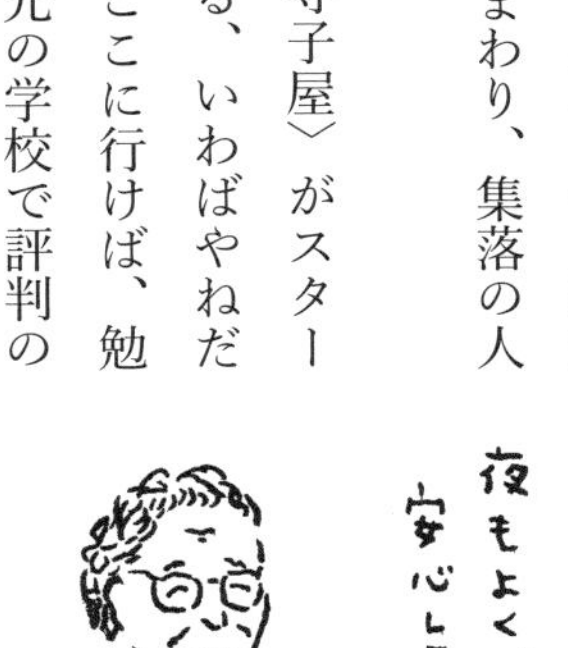

ね。だからやっぱり個別指導が一番の基本だと思います」。

最初の還元が、お年寄りへの〈緊急警報装置〉や子どもたちへの〈寺子屋〉であったことは、その後も一貫しているやねだんの生き方を象徴しています。〝ボーナス〟に代表される、笑ってしまうようなゆかいなアイデアも進化の原動力になっていくのですが、お年寄りや子どもたちが安心して暮らせることへの心配りは、地下水脈のように感じられます。ひとりひとりへの細やかな思いやりが集落のまとまりを静かに築いていったことを、私はあとで何度も実感することになります。

やねだんだけのボーナス袋

二〇〇六年（平成一八）五月三日、やねだん集落に初めてボーナスが出た日、それは地域再生一〇年めに訪れた、夢のような一日でした。でも私にとっては、前夜の方が心に残っています。

その数日前、電話で取材の打ち合わせをしていた時、豊重さんが何気なく言いました。

「ボーナスの前の晩はみんなで集まってボーナス袋をつくるからね」。

「えっ？　ボーナス袋もつくっちゃうんですか？」

「やねだんは何でも手づくりよ。ははは」。


五月二日の夜、やねだんの公民館に出かけると、若手リーダーのひとりである中間勝志さんが得意のパソコンでデザインした紙を集落の役員のみなさんがはさみや昔ながらのチューブ入りののりを使って袋の形に仕上げていました。

小学校の工作の時間を思い出させる、ほほえましい光景でした。

その様子を撮影していると、集落の副公民館長（当時）の西倉正人さんがそわそわしながら、でも、話さずにはいられない、といった風情で話しかけてきました。

「今日はねえ、私が銀行に行ってきたんですよ！」

西倉さんは、ボーナス全額が入っている茶色のセカンドバッグを大事そうに見せてくれます。

「え〜！　それはドキドキでしたねえ！」

「そうですよ〜！　ふっひゃっひゃっ」。

西倉さんは真っ赤になってヘンな笑い方をしながら、バッグを両手でにぎりしめます。西倉さんがその中の一万円札を見せてくれる瞬間を撮影しようと、福留カメラマンのカメラがバッグを追います。

ところが、離れたところから、豊重館長の大声が……。

「副館長！　お金を見せじおっくいや！　そんしはあぶないよ！」（お金を見せないで！　その連中はあぶないよ！）

公民館が大笑いに包まれます。

ボーナス袋に書かれた言葉を、みんなが気に入っていました。

「協働に感謝　これからも感動の地域づくりにみんなでがんばろう」

西倉副館長の妻、キヌ子さんがニコニコして言いました。

「中身よりもこの袋の方が記念になるんじゃないでしょうか」。

この晩、もう一か所、公民館とは対照的に、静かにボーナス準備を進めるお宅がありました。ひとり暮らしの大地山《おおちやま》ヨシさん八五歳。書道の先生であるヨシさんは、ボーナス袋一枚一枚に集落民の名前を毛筆で書く役を引き受けました。ヨシさんは腰が曲がり、歩くこともままならないような体調なのですが、ついにひとりで書き上げました。やねだんの手づくりは、集落民の様々な才能に支えられています。

翌日、ボーナスを受け取ったみなさんは本当にうれしそうでした。

集落のムードメーカー、八〇歳の中尾ミエさんの言葉は、今でも思い出すたび笑ってしまいます。

「やねだんにボーナスが入ったっち、どろぼうが来やんならよかとに」（やねだんにボーナスが出たからといって、どろぼうが来なければいいんだけど）。

「一万円は何に使いますか？」とみなさんに聞くと……。

「使えない。仏壇に飾っておく」。

「祖先の墓参りや花代にします」。

「でも、一万円全部お花代ですか？」

「そりゃ一年くらいしたら一万円の花代は要りますよ。あはは」。

華やかな記念日だからこそ、先人を思うやねだんの人々。実は、ボーナスが配られる前、豊重さんは、豊重さんがリーダーになってからの一〇年間に他界した一八人の先輩の家々をまわり、感謝とともにそっとボーナスを届けていました。故人にボーナスを届ける様子を撮影できなかったことは、私と福留カメラマンにとって小さな悔いとなりました。

豊重さん、
なぜそんなに
がんばるのですか？

ボーナス前夜のある光景

ところで、ボーナスについて、もうひとつ忘れられない光景があります。

前日の夜遅く、手づくりのボーナス袋ができあがり、いよいよ一万円札の袋づめが始まる時でした。西倉副館長が茶色のセカンドバッグから新札の束をうやうやしく取り出し、集落の役員のみなさんが興奮気味に取り囲む中、豊重さんが「秘密のワザを見せようね」と言い出して、一万円札の束を西倉さんから受け取りました。

そして……何百枚もの一万円札は豊重さんの手元で次々と美しい扇子のように広げられ、鮮やかに数えられていきました。華麗なマジックでも見ているようで、私たちは思わず拍手したのです。

誰かが言いました。

「さすが元銀行マン！」

「東京でね。毎日こればっかり練習してたからね。これがイヤでやねだんに帰ってきたのよ」と笑う豊重さん。そのまま、なごやかに袋づめとなりましたが、私はまた地下水脈に触れた気持ちになりました。

豊重さんは、なぜ東京に行ったのか？

東京に行った豊重さんは、なぜやねだん集落に帰ってきたのか？

一番聞きたいこと。

「そもそも豊重さんは、なぜ地域再生にそんなにがんばるのですか？」

豊重さんの若き日の挫折

ボーナスの頃まで、私と福留カメラマンは、その時しか撮れないことだけは撮り逃さないようにやねだん集落に通うことで精一杯でした。私たちの職場である南日本放送（ＭＢＣ）は薩摩半島の鹿児島市にあり、大隅半島にあるやねだん集落へは、フェリー乗船を含めて約三時間かかります。日常業務とどうにか折り合いをつけながらのやねだん通いで、取材が終わるとバタバタ帰路につくことがほとんどでした。でも、ボーナスの頃にはずいぶんみなさんとうちとけ、「豊重さん、なぜそんなにがんばるのですか？」という、いつも心にあった問いの答えにも、少しずつ近づけるようになりました。

豊重さんはやねだんで育ち、地元・串良町《くしらちょう》の県立串良商業高校に進学、生徒会長を務める一方、バレーボール部をキャプテンとして率いるほど文武両道の活躍でしたが、家庭が裕福でなかったため大学進学を断念。

その無念さから、東京に行ってビジネスマンとして自分の力を試したい、という夢を抱きます。そして一九六〇年（昭和三五）、難関だった東京の銀行の就職試験をみごとに突破し、上京したのです。

でも、東京で活躍したい、という夢は、銀行に入社してすぐの新人研修で、早くもうち砕かれてしまいます。高校卒と大学卒とでは、最初の研修から全く違いました。

豊重さんは振り返ります。

「研修会場も高卒と大卒ではまるきり別でね。私たち高卒は明けても暮れてもお札の数え方の練習。一方、大卒の連中は、手形法、小切手法などどんどん勉強していた。賃金も差があるし、くやしくてくやしくて、学歴に負けたか、と」。

その後の仕事でも、学歴社会の壁を感じ続けた豊重さんは、三〇代になる直前に決断します。

「友人に頼んで『チチキトク』とウソの電報を打ってもらい、銀行を辞めた。やねだんに帰ろうと決めた。とにかく体力には自信があった。帰れば、俺の力なら何かできる、親がくれたこの頑健な体で何かできる、と」。

豊重さんから、高校時代や東京での銀行マン時代の写真を初めて見せていただいた時、私はとても驚きました。私が知っている、包容力あふれる笑顔の豊重さんとは別人でした。挑むような、でも、どこか自信のなさそうな表情。何枚も見せていただいた若い頃の写真に、笑顔はほとんどありませんでした。

その中に、痩せた豊重さんが自転車に乗っている銀行マン時代の写真がありました。自分の体力の限界に挑戦しようと、暮らしていた東京の池袋から長野県軽井沢まで、夜通しひとり、自転車で走破したそうです。

誰が決めるものでもない自分の可能性を自分の手にとり戻したい。

それはどこで何をすることなのか？

自問自答を一〇年続けた末に、二九歳の豊重さんは故郷やねだんに帰ったのです。一九七〇年（昭和四五）、万国博覧会が大阪で開かれ、東京や大阪などの大都市がどんどんにぎやかになっていった時代のことでした。

中学バレーの鬼監督

やねだんにUターンした豊重さんは、うなぎ養殖などの事業を起こして猛烈に働く一方、母校である上小原《かみおばる》中学校・男子バレーボール部の監督を引き受けます。

今、やねだんで豊重さんと共に地域再生に汗を流す今村利郎さんは、実は、豊重監督時代の選手のひとりです。今村さんが選手だった一九八一年（昭和五六）、上小原中・男子バレー部は県大会でどんどん勝ち進み、ついに準優勝しました。地元は大喜びでした。豊重監督は、それまで全く無名だった弱小チームを県代表が狙えるほど強くしたのです。

今村さんは言います。

「豊重さんはスゴイ鬼監督でしたよ。練習は元日しか休めませんでした」。

今村さんの言葉に、豊重さんはこう反論して笑わせました。

「たしか俺の記憶では、練習は元日も休まなかった。利郎は元日の練習を勝手に休んだんだろう」。

豊重さんは三〇歳の時から二〇年間も鬼監督を続けました。本業のうなぎ事業の傍ら地域おこしグループを率いた時期も、本業で三〇〇〇万円の借金を抱えてしまった時期も、バレー部監督は辞めませんでした。練習は厳しい監督でしたが、補欠の選手も全員を試合に出していいところをほめる、そんな監督だったそうです。上小原中で集団校内暴力事件が起きた時も、事件を

起こした生徒たちの話し相手として一番頼りにされたのは、豊重さんでした。

〝地方出身〟とか〝学歴〟とかに負けてほしくない。

子どもたちが夢を持てる、強くて温かい故郷をつくりたい。

一般に〝地域おこし〟というとおとなの世界のイメージですが、「地元の子どもたちと向き合い続けて会得できたことが多かった」、と豊重さんは話します。

「子どもは表面的な指導ではついてきません。徹底したボランティア精神とコミュニケーションがあってこそ人をまとめられる、ということは、むしろ子どもたちから学びました」。

自治公民館長・
豊重哲郎さんの履歴書

豊重さんは、1960年に高校を卒業し、上京して東京の銀行に就職。しかし、思い描いた仕事とは違う現実に悩んだ末に、1970年、29歳のときにUターン。うなぎ養殖の事業を手がけるかたわら、母校の中学校バレー部監督を20年間つとめ、1996年、55歳のときに自治公民館長に抜擢されます。それまでの館長と比べて異例の若さ。そうして、やねだん再生の物語が始まりました。

上　高校時代の豊重さん。
下　東京の銀行マン2年め、帰省時の写真。うしろは桜島。

上　銀行勤めの時代、体力の限界に挑戦し、東京池袋から長野県軽井沢まで自転車走破。

下　中学バレー部の鬼監督時代。

逆境からつかんだ〝感動〟の手法

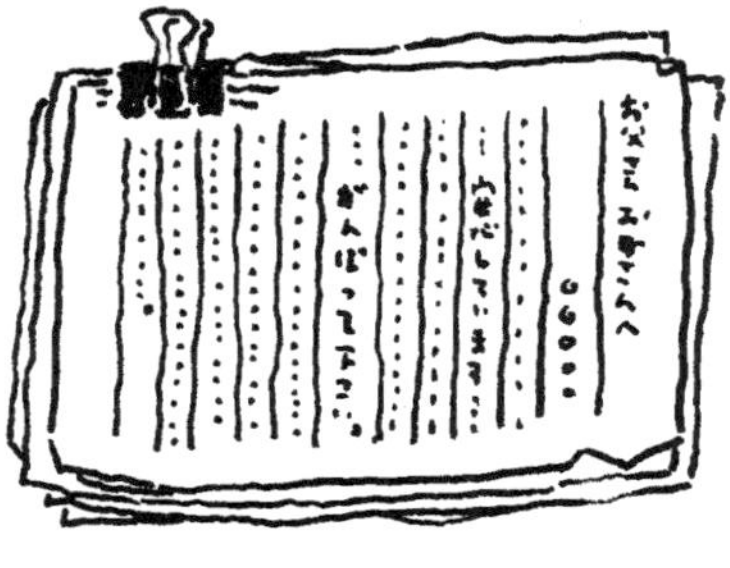

集落内放送の知恵

中学バレー監督を引退し、うなぎ料理店も後継者が見つかり、豊重さんに少しゆとりができた五五歳の時、大きな転機が訪れます。一九九六年（平成八）、選挙で自治公民館長に選ばれ、やねだんのリーダーとして地域再生を率いることになったのです。

豊重さんは集落をまとめていくのに、それまでの経験を生かして様々な工夫を積み重ねますが、私が感服する工夫のひとつが、集落内放送です。

毎朝六時三〇分、集落内放送が始まります。放送開始の音楽も、季節を感じさせる童謡や美しいクラシック、懐かしい歌謡曲など選曲にも変化をつけて集落民の注意を引き寄せます。そして、豊重さんは自宅にあるマイクを通して、まるでディスクジョッキーのように集落の人々に軽快に語りかけます。

「みなさん、おはようございます！　昨日は堤防の草のカット作業を自主的にしていただいた方々がいます。〇〇さん、〇〇さん、〇〇さん、ありがとうございました」。

放送で心がけたのは、小さなことでも、尽力してくれた集落民をフルネームで紹介し、感謝することでした。バレー監督時代、全員を試合に出し、努力をほめることで団結できた、そんな体験が心にありました。


そして、この集落内放送は、年に三回、「母の日」「父の日」「敬老の日」は特別な放送になります。〈メッセージ放送〉と呼ばれるこの放送に私が初めて立ち会ったのは、二〇〇六年五月一四日の母の日でした。

その朝、まだうす暗いうちに、集落の高校生、前原湖季《みずき》さんと福沢周《しゅう》くんが豊重さんの自宅にやってきました。

六時三〇分になると、「ふるさと」の美しい合唱曲をしばらく流し、豊重さんがマイクに向かいます。

「みなさん、おはようございます！　今日は母の日でございます。母の日のメッセージを聴いていただきます」。

母の日、やねだんでは、県外で暮らしている子どもから集落に住むお母さんへのメッセージを放送しています。これは父の日、敬老の日も恒例で、メッセージはやねだんの高校生が代読するのです。

まず、高校生の福沢くんが代読を始めました。

福岡で大学生活を送る息子の勇輝くん（当時一八歳）から、やねだん集落に住む母・立切真由美さん（当時四五歳）へのメッセージです。

> 今、ぼくは、福岡でひとり暮らしをしています。
> ひとりで洗濯や皿洗い、そうじなどをして家事の大変さを味わっています。どれだけ自分が大事にされていたかもわかりました。
> 直接は恥ずかしくてとても言えないけど、昔から母には感謝しています。
> これからも体に気をつけて元気でいてください。

自宅で緊張しながら聴いていた母・真由美さんが、勇輝くんの写真を見せてくれました。ちょいワル風で照れ屋そう。男っぽい感じの若者で、やさし

いメッセージとはだいぶイメージが違います。真由美さんがうれしそうに驚いていました。

「びっくりしました。息子が成長したことに……」。

高校生の前原さんはこんなメッセージを代読しました。

東京に住む娘の京美さん（当時四二歳）から、やねだんでひとり暮らししている母・有留フキさん（当時六九歳）へのメッセージです。

寝たきりのおばあちゃんの看病と世話、大黒柱である父のたび重なる入院と手術、あなたはその小さな体でじっと耐え、じっと耐え、私たちが波にのまれ翻弄されてしまうのを守ってくれた。

先日、何かのアンケートで「尊敬する人は？」の項目に、迷うことなく「母」と書きました。

今度、うちの息子も一緒にディズニーランドにまた行こうよ。

母・フキさんは、メッセージが放送されている間中、小さく細い体を震わ

せて泣いていました。放送が終わると、フキさん宅の電話が鳴りました。集落の人からの電話。「私も泣きながら聴いたよ。がんばったんだね」。

東京での銀行マン時代、学歴社会の壁を感じながら奮闘していた豊重さんは、お正月など、やねだんへ帰省できる時を楽しみにしていました。でも、やねだんは当時から過疎高齢化の進行とともに交流が減りつつあり、帰省しても人が集う場もなく、お墓参りなどでたまたま会ってあいさつする程度。豊重さんは「ものすごくさびしかった」と話します。過疎が心配というより、心のつながりが薄れていくことが心配でした。それで、公民館長になった時、〈メッセージ放送〉のアイデアが浮かんだ、というのです。

この〈メッセージ放送〉は、離れ離れになっている家族の思いを結んだだけではありませんでした。

集落みんなが放送を聴いているため、ふだんはわからない家庭の事情やそれぞれの格闘、喜び、痛みなどを知ることになり、集落全体の心の絆づくりにも力を発揮したのです。

リーダーの孤独

それにしても、どこの地域や集団にもいろいろな人がいて、人間関係の悩みは尽きないものです。リーダーがどんなに熱意をもっていても、まっすぐ受け止めてくれる人ばかりではないはずです。「なぜやねだんはここまでまとまれたの？」「豊重さん、なぜそんなにがんばるのですか？」という問いは、いつも私の心にありました。

前述したように、初めて継続取材のお願いに行った時、豊重さんはこう言いました。

「山縣さん、あなたはちょうどいい時に来た。あなたがもっと早く来ていたら、私は取材を断っていたと思う。小さな集落がまとまるのは繊細なもので、まとまりきらないうちにテレビカメラがどんどん入ってきたら、まとまるものもまとまらなくなる。特に私はリーダーとして、しっかりまとまるまでは黒子でいるべきだと思う」。

たしかに、やねだんに通い始めたばかりの頃は、豊重さんの言葉を裏づけるようなできごともありました。多くの人が集ういも畑で取材中、ある集落民からそっと尋ねられたことがあります。

「あんた、なぜ今日が収穫の日ってわかったの？　豊重さんから『取材に来て』って頼まれたんだろう」。

その人は、豊重さんが市長選挙か何かに立候補するつもりではないか？　そのために地域活動をがんばっているのではないか？　と疑っているようでした。

私は笑って答えました。

「みなさんの活動に感動して、自主的に取材に来たんです。今日のことも、こちらからお願いして教えていただいたんですよ」。

その頃は、まとまるまであと一歩の時期だったのでしょう。「全世帯ボーナス」後は、こんなことは全くなくなりました。お金が出たからまとまりも良くなった、という意味ではなく、「ボーナス」は、もはや〝やねだん再生〟

を誰も疑わない、決定的な記念日だったのだと思います。でも、いも畑の一件で、まとまりを築くまでのリーダー豊重さんの苦労を思わずにはいられませんでした。

人をまとめる努力については幾度も豊重さんにインタビューしていますが、ある時、豊重さんがこんな話をしてくれたことがあります。

「村おこしか？　人ごとだ、奉仕活動か？　家内にまかせておけばいいわ……。こういう人たちがどこにでもいますよね。その人たちに『命令形』を使わないで〝感動〟によって『仲間意識』に底上げできたら、もう成功したも一緒。

ないごっかよ！（何しに来た！）と怒鳴るオヤジもいますから。そのオヤジに土下座してでも、絶対わかってくれるっていう使命感で対応したこともありましたよね。その方たちがね、今はイモ植えに出てくるようになったよね。うれしくて涙しないわけにいかないよね」。

「命令形」を使わないで〝感動〟によって「仲間意識」に底上げしたい。

まさに、これが豊重さんの信条でした。

〈メッセージ放送〉も、この信条に基づいた工夫だったのです。
もう一度、話をもどしましょう。

〈メッセージ放送〉で心を揺さぶる

恥ずかしがりで謙虚な人が多い小さな集落のこと、〈メッセージ放送〉は公募して集まるものではありません。豊重さんが集落全体を見渡し、県外に住む子ども世代などにそっと声をかけ、しかも、メッセージを受け取るご本人に気づかれないよう準備。そして、〝母の日〟〝父の日〟〝敬老の日〟に予告もなく放送するため、驚きと感動が大きいのです。とはいえ、これだけのことをするとなると手間もかかりますし、集落民の家族状況を熟知し、信頼関係がなければできません。リーダーの献身あってこその放送でした。

「命令形を使わず感動によって仲間意識に底上げしたい」と願っていた豊重さんは、〈メッセージ放送〉こそ勝負球、と最初から深い思い入れをもっていたのです。

「どこの地域にもいろいろな反目がありますよね。私は、それをほぐして円満な和をつくりたかったのですが、反目は時間をかけてそうなった場合が多く、少々のことでは変わりません。心を激しく揺さぶる何かがないと変わりません。誰もが心を揺さぶられるもの……そうだ、遠くにいる子や孫からの感謝の言葉に感動しない人はいないはず、と」。

〈メッセージ放送〉により、家族の心の溝が埋まったり、集落民同士の心が近づいたり、「今振り返っても、〈メッセージ放送〉はやねだんのまとまりを築いた決定的なものだったと思う」と豊重さんは言います。


こんなエピソードがあります。

集落の長老のひとりであるAさんと豊重さんは、当初、しっくりいかない間柄でした。それは、地元の町長選挙や町議会議員選挙で、Aさんの父親と豊重さんの父親が互いに対立候補の参謀だったことによるしこりでした。親同士の関係が子どもにも影を落とし、Aさんと豊重さんは疎遠にならざるをえなかったのです。

でも豊重さんは、公民館長になったからにはそれを乗り越えたいと思っていました。そして、父の日の〈メッセージ放送〉でAさんが一番求めているであろうメッセージのプレゼントを思いついたのです。

当時、Aさんには、県外に出たまま音信不通の息子さんがいました。Aさんは大正生まれの〝頑固おやじ〟で心情を吐露することはありませんでしたが、実はその息子さんと音信不通であることを猛烈に寂しがっている、ということを、豊重さんは漏れ聞きます。そして、方々手を尽くしてついにその息子さんと連絡をとり、Aさんへのメッセージを入手するのです。

豊重さんがそのメッセージを放送する準備をしていたところ、豊重さんの妻・絹子さんはとても心配していました。

「もう口をきいてくれなくなるかも……放送やめた方がいいんじゃないの？」

立ち入りすぎて、Aさんが怒りを爆発させる可能性も十分考えられました。Aさんは長老の中でも影響力のある存在で、修復不可能な亀裂が入った場合、豊重さんとAさんの個人的関係悪化だけでは済まず、集落全体もぎくしゃくするでしょう。でも豊重さんは、Aさんの心に届くことを信じて決行しました。

Aさんの息子さんからAさんへの父の日のメッセージ。

きょうだいの中で一番親に手を焼かせた私ですが、今は自分なりに一生懸命がんばっています。

お父さんとはよくぶつかり合い、数多くのケンカもしてきましたね。

私は家出をしたりして、お父さんは私の写真を持っていつも警察に走りましたね。

その頃のお父さんは人の話を聞く人ではなかった。

何か話そうとすると、すぐ手の出るお父さんでしたね。

私は物心ついた時から家を出るまで、お父さんをとてもこわい人だと思っていました。

今、昔のことを思うと、いろいろあってよかったと思う。いろいろあったからこそ、今の私があると思う。お父さん、私に人間としての厳しさ、我慢強さ、そして、思いやりを教えていただいたこと、心から感謝しています。生きていく中でとても重要なことを教えていただき、今、心から感謝しています。

放送後、豊重さんはすぐAさんの家に行き、許可も得ず放送したことを謝りました。怒鳴られる覚悟もしていました。ところが……しばらく沈黙が続いたあと、Aさんは、豊重さんの手をぐっと握り、涙を流しながら感謝の言葉をくれたのです。

「オレは息子に嫌われていると思っていた……哲郎、ありがとう」。

そしてAさんは、こう言いました。「オレを泣かせたのはおまえひとりや。これからはオレに何でも言ってこいや」。

その後Aさんは、公民館長である豊重さんを、先頭に立って支えてくれるようになったそうです。

私はこのいきさつを知り、心底驚きました。というのは、私たちがやねだんに通い始めた頃はもう、Aさんといえば常に福の神のような笑顔で、豊重さんとともに人の輪の中心にいたからです。

リーダー豊重さんはまず自分から懐に飛び込もうと努め、また、集落の人々もリーダーを支えながら変わろうと努めてきたやねだん。その原動力はいつも感動でした。

大腸がん

試練は時として、なぜ今？というような時に降りかかってきます。

地域再生スタートから七年、やねだん集落がその前年に初めて全国表彰を受け、各地からの視察が急増し始めた二〇〇三年（平成一五）に、それは起こりました。

定期健診で、豊重さんに大腸がんがみつかったのです。

「最悪の場合、余命五～六年かも、と言われた……」。

体力には誰よりも自信があった豊重さんは打ちのめされ、自治公民館長を退くことも考えました。そんな入院直後の豊重さんのところに真っ先にお見舞いに来てくれたのが、あのAさんでした。

Aさんは目を真っ赤にして、こう言いました。

「哲郎、おまえがいないとやねだんは寂しい」。

Aさんのこの言葉は、豊重さんにとって生涯忘れられない言葉となりました。その後も、集落のほとんどの人が続々とお見舞いに訪れ、豊重さんを励まし、勇気づけ、感動を贈り続けたのです。

二五日間の入院生活で、豊重さんはご家族や集落の人々のエールに支えられ、並はずれた体と心の強さを発揮しました。手術のなんと翌日から、痛みをこらえて勝手にリハビリを開始。病院内を歩き回っている豊重さんを発見した看護師があわてて止めました。

「豊重さんっ!! まだそんなに動いてはダメですっ!!」

しかし、元鬼監督は誰にも止められません。カーテンを引いたベッド、病院の階段という階段、すべてが豊重さんの秘密の自主トレ場でした。そして、こっそり屋上に上がっては日光消毒として太陽を浴び、医師に内緒でガーゼを取って手術の傷口まで日光に当てていました。

この時期、動き出していた〈焼酎やねだん〉開発も中断しませんでした。焼酎ラベルの試作品は病院に持ってきてもらい、ベッドで校正しました。大病に直面し、命には限りがある、ということを改めて実感した豊重さん、もうひとつ入院生活に課したことがあります。あとを引き継ぐ若い人々のために、やねだん地域再生の記録を書き残さなければ、と考えたのです。

「手術のあとが痛かったけどね。必死に書いてしまったよね」。

この時書いた文章は、『地域再生――行政に頼らない「むら」おこし』（出版企画あさんてさーな、二〇〇四年）として退院後に出版され、やねだんの後輩だけでなく、全国の〝後継者〟を励まし続けています。

私にとって最も印象深いのは、豊重さんが「リーダーよ、覚悟しろ」と題して、リーダーの孤独と気構えを書いているところです。

「企画・実践したことに対する評価は甘んじて受けろ。満点のリーダーなんか、どの社会にもいない。人間はまことに勝手なもので、人の批判を平気でする。特に地域活動では、参加もしないのに不平不満の論者がどこでも点在している。（中略）この時こそ忍耐と勇気。顔をあげて笑顔で闊歩。こんなリーダーこそ真のリーダーである」。

リーダーはいかに忍耐力が必要か、率直なアドバイスです。

でも、豊重さんはこうも書いています。

「人を心から愛すること。必ず夢ある明日が見えてくる」。

忍耐とは人を愛すること。人を心から受け入れると、人も愛情を返してくれる。その感動の共有が〝夢ある明日〟につながる。そう伝えたいのでした。

手術後、豊重さんは医師も驚く回復ぶりで退院し、地域再生にますます打ち込んでいきました。

とはいえ、がんという病気の性質上、長期に渡り気遣いは絶えません。豊重さんを誰よりも心配し支えたのは、妻の絹子さんでした。目立たないところで黙々と働き、笑顔を絶やさない、穏やかで芯の強い絹子さん、私たちが豊重さんの体調についてそっと尋ねると、急に涙ぐんだことがあり、ドキリとしたものです。

「おとうさん（夫・豊重さんのこと）は使命感が強いからね。もっと体のことを考えてもらいたいんだけど、それができないの。忙しすぎて……」。

こう話してくれたこともありました。

「おとうさんは強そうにしてるけど、やっせんぼ。私が一緒に行かないと病院が怖いのよ」。

〝やっせんぼ〟とは鹿児島弁で〝弱虫〟です。豊重さんのリーダーは絹子さんのようです。

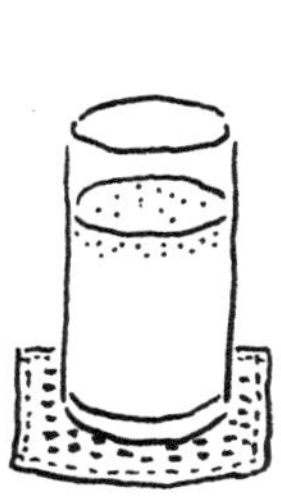
豊重さんを支える
絹子さん手作りの
特製ジュース

集落を象徴する〈焼酎やねだん〉

集落には、杉の木でできた〈焼酎やねだん〉の小さなモニュメントが、道祖神のようにあちこちに鎮座しています。豊重さんが入院した時に集落の人々からいただいたお見舞いへのお礼と〈焼酎やねだん〉完成記念として、豊重さんが“建立”しました。私と福留カメラマンはよく、このモニュメントのある風景を撮影しました。撮影せずにはいられない、存在感と愛きょうたっぷりのシンボルです。

集落のあちこちに10基ある小さな〈焼酎やねだん〉モニュメントは高さ1m。わくわく運動遊園には高さ4mのシンボルタワーのような〈焼酎やねだん〉モニュメントがある。

やねだんの新しい風

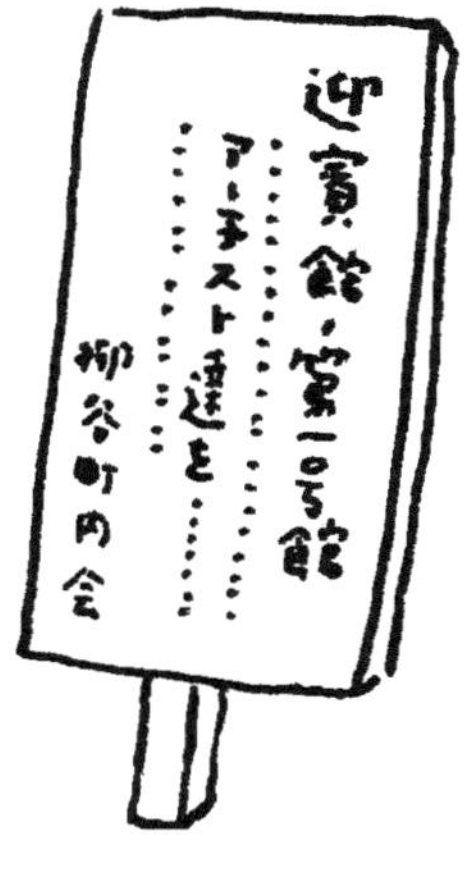

それでも人口は減る

大病を乗り越えた豊重さんの心には大きな変化が起きていました。退院後のやねだん集落は、全国からの視察もさらに増え、活気づいていましたが、豊重さんは喜びに浸りながらも、地域再生の新しい展開を模索し始めていました。豊重さん自身が命の危機と向き合った故の心境の変化でした。「高齢者が亡くなっていったらね。人が少なくなっていったらね。どんな活動をしても一〇年や二〇年で停滞する。そうならないよう、次の後継者の時代にこそもっとエネルギーがあるようにする、その土台づくりが退院後のぼくの仕事だと思った」。

全世帯にボーナスが出た二〇〇六年（平成一八）、やねだんの人口は二八五人でした。一方、地域再生の取り組みが始まったころの人口は三二五人だったそうです。再生に突き進んだこの一〇年間でさえ、人口は四〇人も減っていたのです。

「豊重さんが自治公民館長に就任なさる以前の人口はどうだったのですか？」

「実は、私が館長になってしばらくしてから過去の人口記録が無いことに気づいて、正式に残し始めたのが一九九八年（平成一〇）からなんですよ」。

集落の人口記録がなかったとは、以前のやねだんが自治組織として衰退しつつあった証左でもありますが、一方で、これだけ力強く再生を遂げた直近の一〇年間が人口減少の一途だったとは、改めて過疎高齢化の厳しさを感じました。

「でも豊重さん、人口は多ければいいというものでもないですよね？」

「そのとおり。ただ、初期の人海戦術に活躍してくれた中心メンバーは、今や七〇代、八〇代。いつまでも先輩たちの汗に頼ってはいけない。何か新しい一手を打つ時だよね」。

人口減少と反比例するように増えていたのが空き家でした。空き家の増加は過疎高齢化の地域共通の悩みで、やねだん集落にも、二〇〇六年当時、一五軒の空き家がありました。

空き家周辺に生い茂った草を刈りながら、集落の人々が言いました。

「空き家をそのままおいとったらいかんわけよ。この間、不審人物が空き家に入って生活しとったんですよ」。

「えっ、そんなことがあったんですか?」

「うん、知らんうちに生活しとった。タバコを吸ったり、危ないところで火災になるところだった」。

ところが、次にやねだんに出かけた時、豊重さんはふっきれたような笑顔で言ったのです。

「思いついたよ。空き家だ! これだって!」

とことん逆境を逆手にとる

「ちょっと行こう」。

豊重さんが連れて行ってくれたのは、空き家でした。

「これは築一〇〇年の家。家主は小学校の校長先生だった方でね。定年退職後、やねだんの歌をつくろう、とはりきっておられた。でも、二番まで作詞なさったところで倒れ、帰らぬ人となられてね」。

「こちらは築一四〇年。もう一〇年以上空き家なので、相当手入れが要るけど、お手本にされるような立派な建築だった。やねだんの宝なんですよ」。

どの空き家もいとおしそうに説明する豊重さん。

「空き家も住む人がいてこそ生き返る。今、二軒は持ち主にOKがもらえた。実はね。集落民できれいに整備して、やねだんに住みたい人を全国公募してみようと思ってね」。

そのあとの豊重さんの言葉は痛快で、長年にわたる取材の中でも忘れられません。

「空き家を『迎賓館』と名づけようと思うんだけど大げさかしら？　わっはっは」。

「ゲーヒンカン……ですか！」

空き家をやねだんの「迎賓館」に！

やねだんは、とことん逆境を逆手にとろうとしていました。「迎賓館」というあまりにも華やかな名前は、逆転サヨナラ勝ちのような迫力がありました。

今でこそ空き家対策特別措置法も施行され、国をあげての空き家対策が始まっていますが、やねだんの「迎賓館」作戦は一〇年先行していました。

アーティストって何ですか？

やねだんでは、得意の集落総出で空き家の整備が行われ、住みたい人の全国公募が始まりました。

最初の公募は意外にも、アーティストに限って行われました。

「豊重さん、どうして最初の公募がアーティストなんですか？」

「地域再生の基本は永遠に〝文化向上〟なんです。若い人にもエネルギーを、老いたる人にももう一回文化の感動と学びをこの空き家で、と思っているからアーティストなんですよ」。

これまでのやねだんにない才能、新しい文化を招き入れようとしていたのです。

でも、集落の人からのこんな質問に、私と福留カメラマンは大笑いしてしまいました。

「アーティスト……って何ですか？」


いったい何が始まるのか？

この頃のやねだんは、びっくり箱を開ける前のような高揚感が漂っていました。実際、その後のやねだんはびっくり箱そのものでした。

二〇〇六年（平成一八）一二月、豊重さんから、「第一号の移住アーティストが決まったよ」と待望の電話。

京都府出身で石川県在住の石原啓行《ひろゆき》さんという三〇代の画家でした。

「この絵を描いた人だよ」と、その石原さんが描いた絵の絵はがきを豊重さんから渡された時、私は絶句しました。耳だけの生き物、口だけの生き物、人の顔がバラバラになった妖怪のようなものが鮮やかな色彩で描かれ、なかでも〝飛び出た目玉〟が印象的な抽象画でした。

国際公募展で入選した絵とのこと、でも私は何と言ったらよいかわからず、「スゴイ絵ですね……」と、意味不明な感想を述べました。絵画を楽しむ場であれば気楽におもしろがっていたと思うのですが、やねだんへの第一号移住アーティストという観点でしたので、石原さんと集落の人々はお互い溶け込めるかなあ、と心配になったのでした。石原さんが応募したのは、南日本放送の夕方のニュース番組『ＭＢＣニューズナウ』を彼の友人がみたことがきっかけ、とのことでした。やねだんについては、定点観測風に特集を放送し続けていたため、結果的にこのような縁結び役となるケースも増え、それだけに責任を感じるようにもなっていました。

私は豊重さんに言いました。

「豊重さん、勇気がありますね。もし私がやねだんのリーダーだったら、第一号の画家には、やねだんの風景画や人物画を描いてくれそうな人をまず選び、ユニークな絵を描く人は二番手以降に招くかな、と」。

すると、豊重さんはこう答えました。

「やねだんに最も身近な画家はこの人だ！　と思うところがあったんです。それはね。学歴を見た時に、〝独学〟で美術大も出てないんだよね。集落の子どもたちも『自分も何かやってみようか』と思えるはず」。

なるほど、子どもたちが夢を持てる故郷にしたい、と思い続けてきた豊重さんならではの視点です。たしかに、子どもの心をつかみそうな絵です。

石原さんが住む石川県にも取材に行きました。画家・石原啓行さんと初めて会った瞬間、また私は絶句しました。石原さんは鼻ひげもあごひげも生やし、黒い長髪をうしろで馬のしっぽのように束ねて現れたのです。アトリエで見せてくれた絵も、目玉の飛び出た絵がたくさんありました。〝飛び出た目玉〟は、何かを見抜くという意味で石原さんの絵の重要な要素とのこと。石原さん本人は、つぶらなやさしい瞳をした人でしたが。

「やねだんのお年寄りの似顔絵を描いてあげたい」と石原さん。

どんな似顔絵になるのか？　目玉の飛び出た似顔絵になるのか？

第１号の移住アーティスト

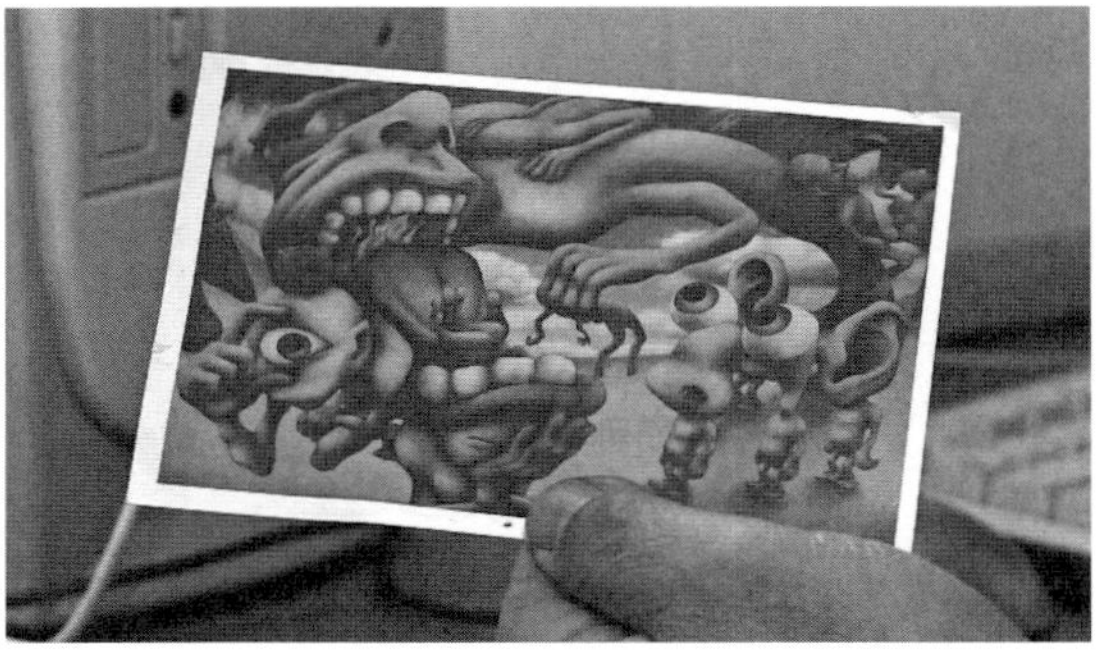

2006年当時、集落にあった15軒の空き家。次世代へつなぐ再生の新たな一手として、空き家を〈迎賓館〉とする活用が始まりました。全国でも先駆的な取り組みでした。そこに公募で決まった第１号移住者が、石川県在住の画家・石原啓行さん。トレードマークは馬のしっぽヘアと目玉の飛び出た絵。2007年に石原さんはじめ３人のアーティストがやねだんにやってきて、新しい風が吹き始めたのです。

上　豊重さんが最初に見せてくれた石原さんの作品。
下　石原さんと“やねだん”のシンボルマークを制作した画家の大窪顕子さん。

アーティストが
やってきた!

不審者にまちがわれた第一号アーティスト

やっぱり起きました。

移住前の準備にやねだんを訪れた画家の石原さん、〝第一号移住アーティスト〟であることを知らない集落のお年寄りには、不審者に見えたのです。石原さんの馬のしっぽヘアは私だって絶句しましたし、空き家に不審者が住みつくという事件があったばかりで、無理もありませんでした。

集落の人は血相を変えて豊重さんのところに来ました。

「不審者がうろうろしいちょっど。警察に通報すっかい？」(不審者がうろうろしてるよ。警察に通報しようか？)

今も語り継がれる笑い話です。

二〇〇七年（平成一九）一月、移住アーティストの歓迎式が行われました。この日までに、移住アーティストが三人に増えていました。

画家の石原啓行さん（当時三六歳）に加え、石原さんの仕事仲間である画家の大窪顕子《あきこ》さん（当時二四歳）と陶芸家の村久木《むらくき》孝志さん（当時五六歳）が、三人そろって石川県から移住してきたのです。

〈迎賓館一号館〉として再生した空き家の前に集落の人々が集まり、最長老・九二歳の福ヶ崎春香おじいさんの音頭で万歳三唱。この日の春香おじいさんの万歳は絶好調、倒れてしまわないかと心配になるほど大きな声でした。

集落の人々が見守る中、石原さんと大窪さんが大きな白い紙に何かを描き始めました。何を描いているのかすぐにはわからず、みんな首をかしげながら見ていると、三分ほどで〝やねだん〟の飾り文字が浮かび上がり、拍手と歓声に包まれたのです。

おちゃめな中尾ミエさん（当時八一歳）が言いました。

「立派な画家さんが来るなんて夢みたいねえ。こんなイナカにねえ」。

その後、〈迎賓館〉は米、野菜、卵、果物、漬物、みそ、黒砂糖など集落の人々からのさし入れの山となり、三人の新生活はほのぼのとスタートしました。

生まれて初めての似顔絵

不審者にまちがえられるほど、〝異文化〟として存在感十分の第一号移住アーティスト、石原啓行さん。

その石原さんがやねだんで最初に描く絵はいったいどんな絵なのか？

これは撮り逃したくないと思っていました。

その日はすぐやってきました。

豊重さんからの電話。

「八二歳の樋口一義《かずよし》さんがね。生まれて初めて似顔絵というものを描いてもらいたい、と石原くんに頼んだんだって。山縣さん、似顔絵第一号だよ！」

残念！　私は他の業務でどうしても職場を離れることができない日でしたが、福留カメラマンが都合をつけて撮影に出かけてくれました。

樋口さんの似顔絵が第一号になるとは……。樋口さんは眉毛がきりりとした、軍隊経験豊富なかくしゃくとした人で、「似顔絵を描いてほしい」などとは一番言いそうもない長老でした。もし石原さんが〝目玉の飛び出た〟似顔絵を描いたとしたら……たとえば中尾ミエさんや豊重哲郎さんの絵なら笑い話で済みそうですが、樋口さんでは失礼になる気がします。成り行きが気になり、私は福留カメラマンの帰社を待ち構えていました。

「どめちゃん、どうだった？　……大丈夫だった？」

「それがですね……石原さん、めちゃめちゃ上手いんですよ！」

撮影した映像を見せてもらいました。

石原さんが樋口さんの似顔絵を描いている間、会話はありません。住む世界の全く違う二人が初めて向き合う緊張感。でも、黙々と描く石原さんには静かな自信が感じられました。

「できました」と小さな声で石原さん。

樋口さんは似顔絵をおそるおそる受け取り……見るなり叫びました。

「こりゃあ立派にでけたが！」（立派にできたね！）

ほんとうにそっくりの似顔絵でした。石原さんの絵は抽象画しか見たことがありませんでしたが、その絵は、確かなデッサン力を感じさせるだけでなく、実に上品な水彩画でした。

石原さんは照れながら言いました。

「まじめな絵も一応描けるんです」。

八二歳にして初めての似顔絵に、ワクワクしている樋口さん。

こんな落ち着きのない樋口さんを見たのは初めてです。

アートがやねだんに新風を送り始めています。

この日は、福留カメラマンに取材に行ってもらって本当によかった、と思いました。もうひとつ、この日しか撮れない映像が撮れたのです。

ギャラリーやねだん

やねだん集落の拠点である公民館の隣には、ずっと扉が閉まったままの建物がありました。私たちがやねだんに通うようになった時から、人が使っている形跡がなく、気にもとめなかったのですが、この日、その建物の扉が開かれました。数年ぶりに開かれたというのです。

移住アーティストのひとり、陶芸家の村久木さんが、「ギャラリーに改造できそうな空き家はありませんか？」と豊重さんに相談、豊重さんが思いついたのがこの建物でした。家主さんの了解も得られ、改造できそうかどうか豊重さんと村久木さんとで中を確認することになり、ちょうど居合わせた福留カメラマンはその様子を撮影できたのです。

実はこの建物は、やねだん集落にたった一軒あったスーパーマーケット跡でした。商品が並べられていた棚などは撤去されていましたが、肉や魚の売り場を示す「精肉」「鮮魚」といった、昔なつかしい表示が壁に残っていました。

初めて内部を確認した村久木さん、うれしそうな声を上げました。

「こりゃあいいじゃないですか！　ＯＫ！　ＯＫ！」

たった一軒のスーパーということは、集落の人々にとって思い出深い店だったはずです。その店が閉店したことに、地域がさびれゆく実感を強くした人も少なくなかったでしょう。その思い出の店が、誰も想像しなかった〈ギャラリーやねだん〉としてよみがえる……。まさに地域再生の新しい一ページです。

スーパー時代の面影を残す「精肉」「鮮魚」という壁の文字は、翌日からペンキ塗りが始まったため、この日しか撮影できないものでした。このような再生の風景は、前もって取材の打ち合わせができる時もありますが、さりげなく始まってしまうことも少なくありません。ほとんどの地域では、日常の中で静かに変化していくのでしょう。新芽のような時を映像に残せた日は、小躍りするほどうれしいものです。

マリ子さんの悲鳴とミエさんの爆弾発言

二〇〇七年（平成一九）二月、〈ギャラリーやねだん〉がオープン。移住アー

ティストの作品を展示する場となり、アーティストが絵画や陶芸を教える場としても使われるようになりました。公民館の隣りという立地のよさもあり、人々が立ち寄りやすく、すぐに新しい拠点となりました。

オープンの日、〈ギャラリーやねだん〉では、画家の石原さんが二人めの似顔絵を描いていました。モデルは徳田マリ子さん（当時六二歳）、マリ子さんはユーモアのセンスでは中尾ミエさんや豊重哲郎さんと肩を並べるムードメーカーで、いつも人を笑わせています。大胆にも自宅のふすまをひとつはずして「ふすまに似顔絵を描いてほしい」と依頼、さらに、石原さんに決してしてはいけないお願いをしてしまいました。自分の目が小さいと思っているマリ子さん、「目を大きめに描いてほしい」と要望したのです。石原さんの抽象画に〝飛び出た目玉〟が多いことをマリ子さんは知りませんでした。でも、マリ子さんならどんな絵になっても笑い飛ばす、と誰ひとり心配することはなく、むしろ大胆な仕上がりを楽しみにしていました。

いよいよ完成。集まってきた集落の人々が見守る中、ふすまがくるりと裏返されてマリ子さんの似顔絵が公開されると……マリ子さんが「ぎゃ

目が小さいので大きく描いてもらいたい(笑)
←ふすま

〜っ！」と悲鳴をあげ、みんな大爆笑。マリ子さんは「目を大きくって頼んだわけよ！　目を……ぎゃははは」と、もう言葉にならず、手をたたいて大笑いです。

その似顔絵は、目は飛び出してはいませんでしたが、顔のほとんどが目というくらいぱっちりしていました。ふすまいっぱいに広がる、キラキラした目のマリ子さん。花の髪飾りまで描かれ、ド迫力でした。でも、それだけデフォルメされていながら確かにマリ子さんに似ており、みんな笑いすぎて涙を流しながらも感心したのです。

〈ギャラリーやねだん〉オープンの日、もうひとつ、みんなが笑いころげた出来事がありました。

陶芸家の村久木さんの手ほどきで陶芸教室が開かれ、希望者一五人ほどが茶碗づくりをしました。〝高齢の方たちにももう一回文化の感動と学びを〟という、豊重さんの目標が具体化したような光景でした。

参加者からこんな声も上がりました。

「アートで人生変わる人がいるかもね」。

生まれて初めて陶芸体験をした人の中には、八二歳の中尾ミエさんがいました。

私は尋ねました。

「ミエさん、陶芸で最初に何をつくってみたいですか？」

「湯のみをつくってね、お墓に飾りたいと思って」と、ミエさん。「ご主人のお墓に飾るということですか？」と私が尋ねると……。

ミエさんは事もなげにこう答えたのです。

「自分のお墓によ」。

全員大爆笑でした。初めての陶芸で、自分のお墓に飾る湯のみをつくりたい、などと言う人がいるでしょうか？　この時も、みんな笑いすぎて涙を流していました。

本当に笑いの達人の多い集落です。

人生初めての似顔絵

移住アーティストの石原啓行さんが、“やねだん”で最初に手がけたのは、82歳の樋口一義さんの似顔絵でした。「石原さんが得意な目玉の飛び出た絵になるのでは」と心配しましたが、素敵な水彩画が仕上がりました。2007年には、スーパーマーケットだった建物を改装して〈ギャラリーやねだん〉がオープンし、アーティストたちと集落の人たちとの交流の場は広がっていきました。

上　かくしゃくとした樋口さんと、描いてもらった似顔絵。
下　自宅のふすまに似顔絵を描いてもらった徳田マリ子さん。

すべてを
分かち合う集落

予想外の人口増加

二〇〇七年（平成一九）は、ボーナスが出た二〇〇六年とはまた違った意味で、やねだん集落にとって歴史的な年となりました。

減り続けていた人口が増加に転じたのです。

前述のとおり、地域再生三年め、人口記録を正式に残し始めた一九九八年（平成一〇）の人口が三二五人、その後、地域再生には成功しながらも人口減少は止まらず、二〇〇六年（平成一八）は二八五人にまで減っていました。

しかし、二〇〇七年は、亡くなった方が二人いらしたにもかかわらず、人口は三〇一人、一八人も増えたのです。

移住アーティストは、画家の石原さん、大窪さん、陶芸家の村久木さんに続き、写真家の河野セイイチさんとガラス工芸作家の妻・静恵さんが富山県から移住してきて、五人になりました。

でも、増えた人口は一八人。あとの一三人は？

実は、アーティストの移住以外に予想外の変化が起きていたのです。

取り組みスタートから一一年、やねだんは地域再生のお手本としてしだいに全国に知られるようになりましたが、それは、集落の外に住む地元出身の人にとっても〝誇り〟となっていました。そして、県外などで暮らしていたやねだん出身の若い家族の中にUターン希望者が増え始め、この年、三家族がやねだんに家を新築し、Uターンしたのです。

でも、Uターンしたのは三家族一一人。あとの二人は？

この予想外の二人は、さらに集落の人々を喜ばせました。

移住アーティストの河野セイイチさん・静恵さん夫妻と、Uターン家族の内倉政一郎さん・由紀子さん夫妻に、赤ちゃんが生まれたのです。

赤ちゃんばんざい

やねだん集落では、夏休みの終わりごろ、お年寄りから子どもまでみんなで夕涼みしながら散歩する〈サンセットウォーキング〉という親睦行事があります。みんなで語らいながら集落のまわりを歩き、少し汗をかいたあとは、山から竹を切って手づくりしたそうめん流しを楽しみます。

二〇〇七年の〈サンセットウォーキング〉の日、集落の人々にうれしい報告がありました。

夏の初めに誕生した二人の赤ちゃん、河野家の輪《りん》くんと内倉家の健寿《たけとし》くんのお披露目があったのです。

やねだん集落では、五年ぶりの赤ちゃん誕生でした。

赤ちゃんたちがみんなの拍手喝采を浴びたあと、豊重さんは急に、その場にいた小学三年生の福沢元気くんを指名して、「元気！　子ども代表としてひとこと感想を言ってごらん」と言いました。

突然指名された元気くん、一瞬考えたあと……意外な行動に出ました。

「赤ちゃん、ばんざーい!!」と叫んだのです。

みんなどっと笑いながらも「ばんざーい！」と唱和し、二人の赤ちゃんも高く高く掲げられました。

「元気くん、やねだんに二人の赤ちゃんが生まれたと聞いてどう思った?」

とあとでそっと尋ねると、元気くんはこう答えました。

「仲間が増えたって感じ」。

やねだんがひとつの大家族にみえた日でした。


この時期、やねだんの次世代の成長に感じ入ったことがあります。

五年ぶりの赤ちゃん誕生で、やねだんの子どもたちも赤ちゃんを見たくてたまりません。河野さんや内倉さんの家に遊びにくる子どもが急増しました。でも、みんなが三々五々押しかけると迷惑になる、と気づいたのです。そして、ある時期から、親分肌の小学六年生の今村周平くんが、「何時ごろなら行ってもいいですか?」とあらかじめ河野さんや内倉さんに確認し、赤ちゃんに会いたい子どもたちを統率してやってくるようになったのです。

ひとつの大家族のように力と心を合わせてきたやねだん。おとなたちの姿から、子どもたちも自然と〝人の和〟の大切さを学んでいるのです。

突然の別れ

やねだん集落はますます活気づいていました。

そんなやねだんから、思いもよらない知らせが届いたのは、二〇〇八年（平成二〇）四月のことでした。

私はその日、鹿児島市内の繁華街を歩いていて携帯電話への着信に気づかず、見ると留守番電話に豊重さんからのメッセージが入っていました。

「豊重さん、また何か新しいアイデアを思いついたのかな？」と考えながらメッセージを聞くと……。

「山縣さん、ミエさんが急死されました……」。

あまりの衝撃に、雑踏の音が消えた気がしたことを覚えています。

中尾ミエさん、享年八三。

やねだん集落に通い続け、親しみがどんどん深まる分、高齢の方が多いだけに、いつかは訪れるこのような別れを全く考えなかったわけではありません。福留カメラマンと取材に向かう車の中で、そんな日がなるべく遠い日であるように、と話し合ったこともありました。

でも、まさか最初のお別れがミエさんとは……そして、こんなに早いとは……。

やねだんのお年寄りといえばミエさんの笑顔が思い浮かぶほど、存在感のある人でした。とんちのきいた発言でいつも人を笑わせ、やねだん集落の明るさや強さを象徴する人でした。

ミエさんは亡くならない、とさえ思っていた気がします。

信じられない思いのままお葬式に向かい、もうミエさんに会えない事実をつきつけられ、涙がとまりませんでした。

ミエさんは、深夜に突然、心筋梗塞をおこしてそのまま永眠。となりの部屋で寝ていた息子さんさえ朝まで気づかなかったほど安らかな死だったそうです。

ミエさんらしい大往生。それを知り、少しだけホッとしました。

「やねだんではボーナスが出た」って
どろぼうが来なければ
いいけど(笑)
中尾ミエさん

そして……。

「ああ、おちゃめなミエさんは、旅立つ時までおちゃめだなあ」とあらためて感嘆させられました。

お墓に、あの、ミエさん手づくりの湯のみが飾られたのです。

亡くなる前の年、生まれて初めて陶芸体験をした時、「ミエさん、陶芸で最初に何をつくってみたいですか？」と尋ねると、「自分のお墓に飾る湯のみをつくりたい」と答えて、みんなを大笑いさせたミエさん。それがたった一年後に現実になるとは誰が想像したでしょうか？

私はやねだん集落の取材を続けながら、どんなに悪条件でも住民が心と力を合わせることで幸せな場所になる、そんな希望を伝えたいと考えてきました。しかし、ミエさんの突然の死や豊重さんの突然の大病を通して、さらに深遠な何かを教わった気がします。

どんなに努力してもどうにもならないこともある。

でも、精一杯慈しみ合い分かち合った喜びは、消えることはない。

ミエさんの息子の昇さんにとって、お墓の湯のみはさびしくながめる時もあるけれど、それ以上に励みとなっています。

「お袋がつくった湯のみ、結構よくできてますよね。しろうとにしてはですね。集落の人々に囲まれて、お袋は幸せな人生だったと思います」。

移住アーティストの河野セイイチさんと静恵さん夫妻の言葉も心に残っています。

「ミエさんはすごくすてきな人でした。ミエさんが私たちにやさしく接してくれたように、私たちも誰かにやさしくできるようになりたい」。

ミエさんが生前暮らした家は、その後〈迎賓館七号館〉となり、北海道の若い画家、三谷正《みたにただし》さんを迎えることになります。三谷さんもまた、やねだんのかけがえのないひとりとなっていきます。

ボーナスを断った集落の人々

喜びや悲しみ、様々な日々を分かち合いながら、やねだんは成長していました。そして、この二〇〇八年（平成二〇）、集落の絆のいっそうの深まりを感じるできごとがありました。

その前年度である二〇〇七年度、集落の自主財源の余剰金が四三八万円もあったため、豊重さんは再び〝全世帯ボーナス〟を提案しました。

ところが、集落の人々が断ったのです。

「そのお金は、みんなで楽しむことに使いたい」。

「福祉に役立ててほしい」。

「子どもたちの寺子屋をずっと続けて」。

集落の人々からそんな意見が次々と出て、豊重さんをうれし泣きさせたのです。

豊重さんはその時の総会の様子を私に話しながら、こう言いました。

「みんな裕福じゃないのにボーナスいらないって。ああ、みんなに泣かされた。いい集落になったなあ、と思ったよ」。

二〇〇八年、自主財源の余剰金はこのように使われました。

足の弱いお年寄り一九人に、シルバーカーがプレゼントされました。

歩行を助ける手押し車で、荷物入れやいすにもなります。

贈られたお年寄りは、出かけやすくなった、と喜んでいました。

「これはね、いすがついているので、どこでも休めてうれしいの」。

そしてもうひとつ、自主財源を生かしてこの年にスタートしたものがあります。

やねだんの芸術祭です。

めったに見られない芸術祭

やねだん芸術祭は、多くの人に来てもらえるように、五月のゴールデン

ウィークに毎年開くことになりました。やねだんの移住アーティストを中心に、県内外からやってくるアーティストや集落の人々も参加する手づくりの芸術祭。〈めったに見られない芸術祭〉と名づけられましたが、〝めったに見られない〟という愉快でどこかなつかしい響きがよく合います。空き家を再生した〈迎賓館〉や〈ギャラリーやねだん〉を中心に公民館やわくわく運動遊園、途中の小道や畑、すべてが舞台。たとえば〈迎賓館六号館〉として再生した築一〇〇年の古民家のふすまというふすまに、生き生きと集落の人々の似顔絵が描かれている、というように、再生一二年めのやねだん集落はまるごと〝展示作品〟です。

第一回は〝やねだん〟をテーマにして、アーティストたちが自由な創作をしました。

石川県から参加した画家の川端大祐さんは、〈迎賓館六号館〉の壁にあいていた穴から太陽の光が射しこんでいるのを見つけ、その穴を生かして「希望の光」という壁画を描きました。

鹿屋市で木の彫刻をしている谷川正秀さんは、道路拡張で伐られてしまった大木を持ち込み、わくわく運動遊園の入り口に大きな花のような木の彫刻をつくり、「再生」と名づけました。

静岡県から来た浦田琴恵さんは、やねだんの林の中に白い風船を浮かべました。風船は、集落を見守る先人の魂だそうです。

「過疎の集落って、人がどんどんいなくなっちゃうイメージが多いんだけど、やねだんにいると、人がくり返し生まれてくる、命が受け継がれる、と感じられるんですよね」。

公民館前の特設舞台では、集落の人々も次々と上がり、一芸を披露します。七五歳の神田利広さんのハーモニカ、二六歳の若者四人組のブレイクダンス、小学生たちの落語……。今までお互い知らなかった才能にびっくりです。

第一回芸術祭の予想以上のにぎわいに、私たちも飛び跳ねるように取材に動き回りました。そんな中、ひとつの光景に足が止まりました。

公民館の広場につくられた舞台は初日だけ必要なものだったので、ステージが終わると、集落の人々が片づけるのですが、〝集落総参加〟で鍛えられ

ここでこばなしをひとつ
「おかあさんパンツが破けたよ」
「またかい？」
芸術祭の舞台では…

たその軽快な片づけぶりに見とれてしまったのです。いつものことながら高齢の方々も身軽です。誰が何をやりましょう、といった打ち合わせなどほとんどなく、自分が得意なこと、やれることを見つけてきぱきと動くのです。

ふと、ある日の取材を思い出しました。

〝集落総参加〟のいもの苗植えを初めて取材に出かけた時のことでした。朝八時にいも畑に集合し作業開始、とのことでしたから、私たちは七時三〇分にやねだんに到着するように出かけたのですが、着いてびっくり、半分ほど植え終わっていました。畑に来た人が三々五々、自分の得意なところ、できるところから作業していたのです。老若男女きびきび楽しそうに動く姿に目を見張りました。集合時間であったはずの八時にはほとんど終了し、早めに到着していなければ撮影しそこなうところでした。

そんな光景を思い出しながら、芸術祭の舞台の片づけに見入っていました。そして、ふと気づいたのです。集落の人々の中、アーティストたちが何の違和感もなく共に汗を流していたのです。あまりに自然だったので、初めは気づきませんでした。

「集落の人々とアーティストは一見かけ離れた世界に住んでいるようだけれども、実は、大きな共通点がある。誰もが手づくりが好き」。

そんな発見にひとりうなずき、うれしい気持ちになりました。

その後、神奈川県から彫刻家の中尾昶《あきら》さんが妻・美雪さんとともにＩターン。移住アーティストは画家、陶芸家、写真家、ガラス工芸作家、彫刻家と多彩になり、芸術祭はやねだん最大の祭りに成長していきました。

おちゃめな中尾ミエさん

“やねだん”のお年寄りといえば中尾ミエさん。輝くような笑顔とおちゃめなおしゃべりは私たちを魅了し、集落のみなさんにとってもかけがえのない存在でした。いつもバイクを年齢不相応に飛ばすので、私たちは“やねだんの暴走族”と笑ったものです。「でも、家ではまじめでしつけが厳しかったんですよ」と息子さん。ミエさんのひょうきんは周囲の人々への思いやりだったのですね。

「やねだんではボーナスが出た」って
どろぼうが来なければいいけど

上　2007年、初めての陶芸教室で「自分のお墓に飾る湯のみをつくりたい」と言ってみんなを笑わせた日のミエさん。
下　2006年、初めてのボーナスの日のミエさんの名言。

ドキュメンタリー番組

『やねだん』に込めた思い

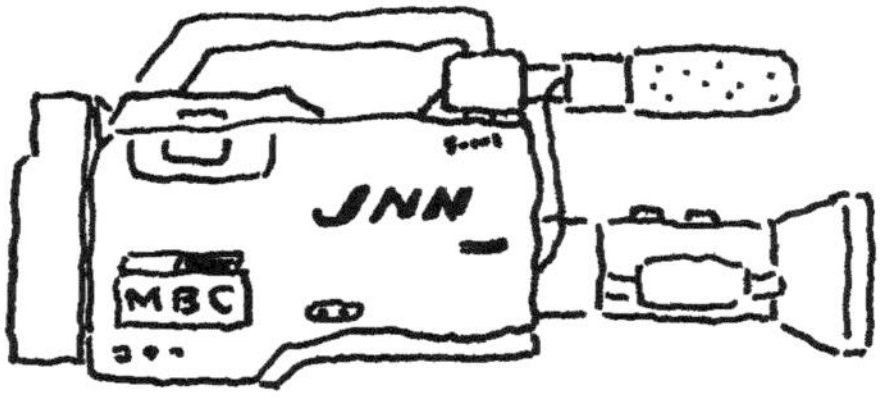

一本の番組制作がくれた勇気

いつか、やねだん集落再生の記録をドキュメンタリー番組にまとめたい。この夢は、取材をスタートした当初からありました。私は、ニュースの職場である報道部に所属していましたので、まずできることは、夕方のニュース番組の特集として伝えることでした。事あるごとにやねだん集落に通い、五分前後の特集を一回、二回……と放送するうちに、視聴者からの反響も大きくなり、月一本くらいのシリーズとして定着していきました。夕方のニュースで伝えることは手ごたえがありました。テレビをあまり見なくても、世の中の動きをチェックするためニュースだけは見るという視聴者も多いからです。ただ一方で、やねだん再生の物語は五分間ではとても伝えきれない、いつか一時間の番組として見ていただきたい、という思いが常にありました。

それにしても、私が「ドキュメンタリー番組をつくりたい」と思うようになるとは、学生時代の自分を振り返ると、想像もできないことでした。前述しましたように、高校生の時に父の病気に直面して、一生続けられそうな専門職としてアナウンサーをめざしましたが、当時あこがれていたのはラジオの音楽番組で、ジャーナリズムを意識したことは全くありませんでした。入社後、縁あってニュースキャスターに起用していただきましたが、この分野を極めたい、この分野で役立ちたい、といった居場所がなかなか見つかりませんでした。アナウンサー出身だけれど、話すことが得意とも思えず、かといって、取材にもなかなか自信がもてず……。でも、探し続けるしかない、と考えていました。自分の心に響かないものが、人に伝わるわけがないからです。

ところが、その後、不思議な縁でドキュメンタリー番組制作に初挑戦することになり、四〇歳近くなってから新しい世界が開けたのです。その一本の番組制作が、やねだん取材に踏み出す勇気もくれました。この番組制作のこと、少し詳しくお話しさせてください。

なぜやねだん集落に通い始めたのか、について前述したところでも触れましたが、三〇代のころ、私は、産業廃棄物処理施設建設問題の取材で感じた疑問から、〝対立の構図ではない伝え方〟を模索するようになりました。ひとつの問題について、そこに生じている対立や混迷を伝え、問題の本質に迫ることはもちろん大切なことです。でも、私が取材したケースで激しく対立していたのは末端の産廃業者と住民で、よく考えると、対立しなくてもよい人たちが対立に追い込まれていました。というのは、対立している処理業者と住民、どちらも、そこに運ばれる産業廃棄物を〝出す人〟ではないからです。しかし、私たちが報道すればするほど対立が深まっていました。すっかり疲弊してしまいました。そして、「もっと違う伝え方はできないものか」と考えるようになったのです。「もっと〝希望〟のある伝え方はないだろうか」と……。

その数年後の一九九七年(平成九)、厚生省(当時)が全国の市町村のごみ焼却場の煙に含まれるダイオキシン濃度を初めて公表、日本全国のごみ焼却施設から猛毒ダイオキシンが発生している実態が判明し、日本中が騒然となりました。環境汚染問題が常にそうであるように、行政対住民、業者対住民といった対立、責任の押しつけ合い、汚染隠しが全国各地で起こりました。

このダイオキシン問題こそが、「対立より希望を伝えたい」という私の思いを実践する機会を与えてくれたのです。

当時、私は『陶山《すやま》賢治の時の風』という報道番組でキャスター兼編集長の陶山さんのパートナーのキャスターを務めていました。始まったばかりの新番組で、心ある報道をしたい、とみんなはりきっていました。

その自由闊達な空気が私の背中も押してくれました。

猛毒ダイオキシンは、塩素を含む物質が不完全燃焼した時に発生しやすいのですが、日本のごみには塩素を含むプラスチックなど化学製品があふれており、大量消費の果てにごみを燃やし放題にしてきた日本は、気づくと世界でも最悪のダイオキシン汚染国になっていた……。でも、ダイオキシン問題は、当時の日本ではほとんどの人にとって寝耳に水で、誰かを責めても解決にはなりません。

私は陶山キャスター、田上《たのうえ》憲一郎記者（当時）、丸山健太郎記者（当時）、黒木俊充カメラマン、福田安美カメラマンなどと何度も話し合いました。

「国が悪い、自治体が悪い……と行政を責めても仕方がない」。

「責める報道はやめましょう」。

「鹿児島県には九六の市町村（当時）がある。どんな小さな町でもごみ処理をしているのだから、ダイオキシン問題に直面して悩んでいるはず」。

「県内すべての市町村に聞いてみるところから始めましょう」。

まず、地元鹿児島の現状を知る必要を感じ、離島を含め県内九六市町村の環境対策責任者に電話をかけてみることにしました。電話という限界はあるものの、それぞれの町の現状がある程度はわかるはず、鹿児島県全体が抱え込んでいる問題も見えてくるでしょう。電話をかけ始めたのが一九九七年七月三〇日、途中ウンザリもしましたが、きっと何かが見えてくるという自信も不思議とありました。

小さな町の大きな挑戦

そして、一九九七年九月一七日の朝、七〇人めの電話でついに手ごたえを感じたのです。電話の相手は、人口一万五千人の川辺町《かわなべちょう》（現在は合併により南九州市）の環境対策責任者、亀甲《かめこう》俊博課長（当時）でした。

「実はですね……うちの町はごみの焼却灰を素掘りの状態で谷に二三年間も捨て続けてきたんです。その谷の下には学校も人家も田んぼもあるんですよ。今は煙のことが問題になっているけど、その捨てっぱなしの灰も心配で……。それで……どうにかしてその灰を、全部掘り返そうと思っているんです」。

私は耳を疑いました。電話をかけている私は、町のあら捜しをしているかもしれないマスコミの人間で、しかも初めて電話しているのです。「そんな話までして大丈夫ですか？」と聞きたくなるほど、亀甲課長は正直でした。

ごみの焼却灰を素掘りの谷に捨ててきた町は全国に無数にあるのです。しかし、ダイオキシン問題で騒然となっているこの時期、すでに埋めてしまった過去の灰のことまで責められてはたまらない、というのが多くの町の本音でしたから、わざわざ公表して掘り返す、というのはバカ正直と言われそうな取り組みでした。でも、亀甲課長が気にかけているのは「故郷の環境、町民の健康をどうしたら守れるのか？」……その一点でした。

この人だ、と確信しました。

そして、この町の姿勢を伝えたい、と思いました。

しばらく話し込んだあと、私はおそるおそる言ってみました。

「亀甲課長、川辺町のこれからを私たちにカメラで追いかけさせていただけませんか？」

亀甲課長は少しだけ間を置き、しかし、あまり迷わず答えてくれました。

「うちの町はとても恥ずかしい状態ですが、町民と一緒に出直そうと思います。それを応援してくださるなら……覚悟を決めます。ただ、町長に相談しなければなりません。町長がＯＫなら、取材していただいていいですよ」。

秋晴れの朝でした。

私は、窓から見える、高く澄み渡った青空のように清々しい気持ちでした。

電話を切る時、亀甲課長はこう言って、私をさらにハッとさせました。

「ダイオキシン問題はわからないことばかりで一生懸命勉強中です。山縣さんはマスコミにいらっしゃるから、いろいろな情報が入ってくるでしょう？　いい対策があったら、ぜひ教えてください」。

私も、取材者である前に、同じ鹿児島県の住民。

そんなあたりまえのことに気づかされました。もちろん、取材する側とされる側の関係に一定の距離や緊張感は必要だけれど、問題解決をめざす上でお互いの知恵や経験が役立つこともあるはず。故郷を良くするプロジェクトチームの一員のような気持ちを、どこかにもちながら取材してみたい。

それまでは、取材者は第三者であることが当然と思ってきましたが、当事者感覚をもちながら向きあった初めての取材だったかもしれません。

東展弘《ひがしのぶひろ》町長や亀甲課長を中心に、川辺町の挑戦が始まりました。過去のずさんなごみ処理を町民に謝り、汚染の実態を調べ、五〇〇回以上の説明会を開き、すべて情報公開しながら町民に語り続けました。

「町も徹底的に出直しますが、ごみを出さない人はひとりもいません。町民のみなさんと一体となって環境行政をやり直させてください」。

「なぜ川辺町だけが恥をさらけ出してまでやらんといかんのか？」

「亀甲課長がまた別の課長に変わったら、どうせ『あたいは知りもはんど』（私は知りませんよ）となるんじゃ」。

「亀甲課長の言った言葉をぜんぶ記録にとっとけ！」

町民から不信感をぶつけられることもしばしばでしたが、町の〝隠さない〟姿勢と実践はしだいに町民の信頼を得て、町が変わっていきました。町民自身もごみそのものを減らす努力をするようになり、焼却ごみが四割減り、埋め立てごみに至っては九割も減りました。また、県外や国外からも川辺町への共感や様々な知恵が寄せられるようになっていったのです。

ダイオキシン研究の日本の第一人者、大阪の宮田秀明博士や、世界最先端の土壌汚染無害化技術を開発したドイツのフリードリッヒ・ベルジング博士までもが川辺町にやってきてダイオキシン無害化実験がスタートし、様々な壁にぶつかりながらもついに実験は成功。ジェフリー・アイリッシュさん、野村秀洋さんなど献身的な町民有志に支えられ、ごみの焼却灰から無害で美しいレンガをつくる新技術まで開発されたのです。その「エコレンガ」は県内外に広がり、学校や公共施設などを彩りました。ごみ焼却灰からできたとは想像できない美しいレンガに多くの人が驚嘆し、人の和の底力が感動をよびました。

一九九七年に取材をスタートして六年、その間ずっと『時の風』や『MBCニューズナウ』といったニュース番組で報道し続けていましたので、映像記録が存分に残りました。それらをまとめ、『小さな町の大きな挑戦〜ダイオキシンと向き合った川辺町の6年〜』という番組を制作しました。私にとって初めてのドキュメンタリー番組でした。

思いがけず数々の賞をいただき、全国各地に上映会の輪が広がり、多くの方に見ていただくことができました。放送界の親友、今泉清保《いまいずみせいほ》さん（当時はフリーアナウンサー、現職は青森テレビニュースキャスター）が東京で手づくりの上映会を開いてくれた時、作家の田口ランディさんが語ってくれた感想が忘れられません。

「昔話の『わらしべ長者』のよう」。

最初は何の役にも立ちそうになかった一本のわら。貧乏だけれど正直で思いやりのある主人公が次々といい人に出会い、なぜかその人々と物々交換をくり返し、一本のわらから大金持ちになったという昔話。

最初はダイオキシン汚染という〝逆境〟だったのに、町の職員が隠さず誠実に問題と取り組んだことで、次から次へと知恵をもった味方が現れ、ついには、小さな田舎町から国際的な新技術が生まれた。

どんな逆境でも、そこにいる人々が誠実に向き合えば、心ある人が集まってきて、思いがけない成果を生む。川辺町を舞台として生まれた〝チーム〟に成功の秘訣があったとすれば、「自分本位でなくみんなの幸せを願う気持ち」だったように思います。私は取材を通してそんな一部始終を実体験でき、同時に、放送人としてめざしたいことも見えてきました。

それは二つありました。継続的に報道することとドキュメンタリー番組として記録を残すこと。人目に触れやすい夕方のニュース番組で継続的に報道することで、格闘している人々を力づけることができたり、様々な知恵をもった人をつなぐことができたり、時には内紛をやわらげまとまりをとり戻す一助となったり、継続報道が思わぬ役割を果たせることを知りました。さらにドキュメンタリー番組にまとめることにより、時を越え、場所を越えて、多くの人に伝えることができる……。そう実感したのです。

そしてその後、地域再生に踏み出したやねだんを知った時、まさに「逆境でもみんなの幸せを願って奮闘する人々にまた会えた」と思いました。継続取材で少しでも応援になれば、と思い、映像記録を残したい、とも思い、迷わず取材を申し出ることができたのです。

ただ、このドキュメンタリー制作もすんなりとは実現しなかったのですが……。

明るいドキュメンタリーは疑われる？

最初に番組化の大きなチャンスが訪れたのは、やねだん集落を本格的に継続取材するようになって三年めの二〇〇七年（平成一九）初冬でした。ドキュメンタリー番組の全国規模の企画公募があり、上司からの薦めで応募することになったのです。選ばれると、国費から多額の制作費をいただけて、最初から全国放送が約束されます。地方局制作のドキュメンタリー番組が全国放送される機会が悲しいほど少ない中、やねだんの地域再生を全国に伝えることができる千載一遇のチャンスでした。

しかし、最終選考まで残していただきましたが、次点で落選でした。正直なところ、悔しくて悔しくてたまりませんでした。その時に選ばれた企画は他局の友人の二〇年越しの企画でしたので、彼女のことは心から祝福できたのです。悔しかったのは、私の企画内容に対してある審査員からいただいた言葉でした。

「明るすぎる」。

地方が明るくなるために取材したいのに、「企画が明るすぎる」と言われても……。

「現実は厳しいものであり、取材者が現実に迫りきれていないのでは？」という指摘なのかもしれません。もちろん、明るくても内容が浅ければ、共感は望めないでしょう。しかし、前述したように、私は過去の取材経験から、「取材者であると同時に当事者の意識を持ち、希望のある伝え方をしたい」と思うようになっていました。どんなに取材者として浅く見えたとしても、これだけは譲れない、と思ったのです。

この時、やねだんのドキュメンタリー番組はまだ紙の上の企画でしかありませんでしたので、早く形にしたい、と思いました。いえ、早く、というより、何としても本物をつくらなければ、と思いました。明るくても明るくなくても、本物は心に届くはず。それならば私は〝明るい本物〟をつくりたい。

この〝明るすぎる〟ショックは驚くほど悔しさが長持ちし、私を本気にさせてくれました。

ドキュメンタリー完成！

〝最初から全国放送〟という夢が夢に終わり、地元・鹿児島で放送する一時間のドキュメンタリー制作を視野に、取材は続きました。

私は、やねだん集落の番組を〝本物〟にしようと心に誓っていました。とはいえ、私の本業はニュースキャスター。出演や取材など日常の業務があります。やねだんに出かけるには社から片道三時間かかり、いつでも取材に行けるわけではありません。また、報道部の編集室は、日中は当然のことながらその日のニュース映像の編集などで常に使用中で、番組の構成、編集となると、編集室が空いている深夜、早朝、休日が中心となります。やねだんのドキュメンタリー番組は地域再生が始まった一九九六年以降一〇年以上の物語をまとめるため、取材テープ(一本が二〇分～一時間)が三〇〇本程あるほか、取材映像のない時期の資料も含めると、素材に目を通すだけでもかなりの時間が必要でした。深夜の編集作業のあと朝のニュースに出演して「こんばんは」とあいさつしてしまう失敗もありました。幾度も自分の体力、知力の限界を感じましたが、やねだんの人々の笑顔を思い浮かべては奮い立ち、また、有山貴史報道部長（当時）をはじめ職場の人々がやねだんを伝えることに意義を感じて陰に陽に支えてくれたことに励まされ続けました。

福留正倫カメラマンは、私が取材に行けない時は、カメラを回しながらインタビューするなど全身全霊の二人三脚をしてくれました。デジタル化投資、広告不況、多メディア化……と厳しさが増す地方の民間放送局、ドキュメンタリーであろうと人手をかけないことが求められていたので、やねだん取材への情熱を共有できたことは本当に幸運でした。

ところで、福留カメラマンは、やねだんの子どもたちから「リック」という愛称で呼ばれています。福留カメラマンが「オレはなぜ『リック』なの？」と尋ねると、「メタボリックの『リック』！」と子どもたち。「やられた！くやしいけどウマい愛称だ」と感心していました。そんな彼の包容力を子どもたちはちゃんと見抜き、大好きなのでしょう。私は「リック」という愛称は福留カメラマンの勲章だと思っています。番組の中に、全力で走っていく子どもたちを福留カメラマンのカメラが全力で追いかける映像が出てきます。「リック」と呼ばれるどめちゃんがそんなに走って大丈夫？と心配になるほど全力疾走（失礼！）。この映像を見るたびに「どめちゃん、ありがとう」と思います。こんな愛情のこもった映像こそが、番組を本物にしてくれるに違いありません。

愛称と言えば、私もいろいろなあだ名をいただきました。まず「すっぽん」。かみついたら離さないから、だそうです。川辺町に取材に通い続けたときに東展弘町長（当時）から命名され、その後、やねだんにも通い続けたため、このかわいくないあだ名はすっかり定着してしまいました。「つちのこ」とも呼ばれました。私が昼夜問わず編集室にこもるので、姿を見たような見ていないような、実在の生き物なのか不明なつちのこのようだ、という意味。有山報道部長の命名です。「もののけ姫」とも呼ばれ（意味不明）、私がいつもこもる編集室は「由美子の部屋」と呼ばれました。「由美子の部屋」で編集中に腹痛で動けなくなった時、後輩が自転車で薬を買いに走ってくれ

ました。私がもうろうと制作するのを周囲のみんなが呆れながらも温かく見守ってくれたことに胸が熱くなります。

番組編集で人手をかけないために、ナレーションも自分で担当しました。ナレーションを自分で担当する最大の良さは、放送直前まで原稿を練り直しても、いつでもナレーションを録り直せることです。一方、編集疲れでしだいに声が出なくなる悩みもあります。番組制作チームも様々な形があると思いますが、とにかくこの番組については福留カメラマンと力を合わせてどうにかする、という道を選びました。でも、この頃になると、もうひとり、自ら志願して同行してくれる若者が現れました。取材アシスタントの宮原拓哉くんです。宮原くんは自宅が遠く、たとえばやねだんに午前六時に到着しなければならない場合、彼は自宅を午前二時に出なければ間に合わないのですが、「ぼくに行かせてください」と、いつも手を挙げてくれました。「すっぽん」の私が粘りに粘ってインタビューする時、彼は長い棒の先にマイクをつけたものを掲げ続けます。テレビ画面にマイクが映らないよう、しかし、より良い音質で収録できるよう、他の重い機材とともに操り続けるので、投げ捨てたいほど疲れるはずですが、一度も不満を聞いたことがありません。しだいに宮原くんもやねだんの人々と仲良くなり、豊重さんから「宮ちゃん」と呼ばれるようになり、とてもうれしそうでした。

こうして周囲の人々に支えられながら、ついに、ついに、ゴールにたどり着けたのです。

『やねだん～人口300人、ボーナスが出る集落～』

地域再生一二年のドキュメンタリー完成！

最初の放送は、二〇〇七年（平成一九）一一月の『ど～んと鹿児島』枠でした。『ど～んと鹿児島』というのは、一九時台や二〇時台というゴールデンタイムに毎週一時間、鹿児島をあらゆる角度から伝え、一九八四年から続いている南日本放送（MBC）の長寿番組です。このような放送枠がなければ、私までがドキュメンタリーを制作できる機会は訪れなかったでしょう。南日本放送には「日本一地域に愛される放送局」という社内目標があるのですが、決してお題目ではなく、中村耕治社長（当時）以下、本気でそう思っている人が多い職場です。先輩後輩の志の高さのおかげで、『ど〜んと鹿児島』は、県民に好きな地元のテレビ番組を尋ねる調査でも長年一位を保っていました。それほど定着した放送枠で、しかもゴールデンタイムでしたので、やねだんのドキュメンタリーも大きな反響をいただき、二〇〇七年度中に四回放送されることになりました。その直後、中尾ミエさんの急死という大きな出来事があったため、二〇〇八年五月に再構成し、改めて特別番組として放送、この二〇〇八年放送分が完成版となりました。

番組コンクール出品の話もいただけるようになりましたが、こちらは自信はありませんでした。〝明るすぎる〟にショックを受けた私には、指摘されそうな言葉はいくらでも思いつきました。

「批判精神が足りない」。

「広報番組に陥っていないか？」

「ウラ側に迫りきれていないのでは？」

でも、どんな結果となっても、出品は喜びでした。というのは、地方局の私たちには番組そのものを全国に伝える放送枠がほとんどなく、番組の存在を知っていただく数少ない道のひとつがコンクール出品だからです。番組としての評価はともかく、やねだん集落再生の物語は人々をきっと励ませる、という確信がありました。地域づくりに関わっている人々に限らず、あらゆる分野で努力している人々を励ませるはず、と。

全国のいろいろな人々に伝えたい、という思いはますます強くなっていました。

国境も越えて
広がった連帯

受賞、そして、市販ＤＶＤや外国語版の実現

その後、番組『やねだん〜人口３００人、ボーナスが出る集落〜』はさまざまな場で評価していただき、驚きと感謝の連続でした。

二〇〇八年（平成二〇）のギャラクシー賞入賞がすべての始まりでした。ギャラクシー賞とは五〇年以上の歴史をもつ放送賞で、ＮＨＫ、民間放送、すべての放送番組が対象となります。これにつづいて、石橋湛山記念早稲田ジャーナリズム大賞という、放送だけでなく、新聞、出版、映画など幅広いジャーナリズムの賞に選んでいただきました。

選考理由として次のような言葉をいただいた時、すべてが報われた思いでした。

「この番組には〝希望〟がある。混沌として先の見えない時代、ジャーナリストの役割のひとつは〝希望〟を伝えることである」。

また、日本、韓国、中国三か国の番組コンクールである「日韓中テレビ制

作者フォーラム」コンクールに、地方局の番組でありながら参加できることになりました。放送批評家の鈴木典之さんや名ドキュメンタリストとして知られる熊本放送の村上雅通さん（現在は長崎県立大学教授）など「放送人の会」の方々の推薦のおかげでした。外国の方々に番組を見てもらえるだけでも夢のようなことでしたが、韓国や中国のテレビ制作者が多くの票を投じてくださった結果、グランプリに選ばれました。韓国のテレビ局のディレクターがこんな感想を述べてくれました。

「この番組をみて、幸せな気持ちになりました」。

会場の隅でうれし泣きしている福留カメラマンの姿を見つけ、私も涙がとまりませんでした。

この「日韓中テレビ制作者フォーラム」のおかげで、『やねだん』の韓国語版と中国語版が実現しました。

また、（財）放送番組国際交流センター（ＪＡＭＣＯ）の国際版制作番組選考にも選んでいただき、国費により英語版もできました。

「地方の時代」映像祭賞、放送人グランプリ特別賞、農業ジャーナリスト賞、思い出深い日々が続き、その後、職場の後輩、平川智宣さんの発案と尽力により、市販のＤＶＤ化が実現。全国放送はなかなか叶わない中、「ＤＶＤ化はもうひとつの全国放送」と気づかされました。よく考えると、ＤＶＤならば、必要と感じた時に入手していただけます。

多くの人の応援に支えられ、私はこう信じられるようになっていました。

番組はきっと、届くべき人に届くべき時に届く。

韓国の社長さんがやってきた

二〇〇九年（平成二一）四月、豊重さんからの電話。

「山縣さん、韓国の社長さんがやねだんに来られることになった」。

「韓国のシャチョーさん？」

「それがね……韓国にやねだんの店を出したいんだって」。

「店⁉」

やねだんへの視察は、その前年二〇〇八年には年間五千人を超え、外国からの視察団も増えていましたが、〝韓国にやねだんの店を出したい〟とは想像の域を越えた話でした。〝韓国のシャチョーさん〟が初めて豊重さんと会うことになった日、私はワクワクしながらも、この話、大丈夫かしら？　慎重に取材しなければ……と、ちょっと身構えながらやねだんに出かけたものです。

その〝韓国のシャチョーさん〟、キム・ギィファン（金貴煥）さんは、ゴルフ場やホテル、旅行業を韓国と日本で展開して業績を伸ばしている東光・ジェイズグループという企業グループの代表取締役社長とのこと。やねだん集落のイメージとのギャップにますます心配になりながら、一行の到着を待ちました。

福留カメラマンを見つけたやねだんの子どもたちが、まるでゆるキャラを見つけたかのように「リックだ～！」と叫びながら走ってきます。どめちゃんのふくよかなお腹に突進して遊ぶのです。

そこにいよいよ現れたキム社長。大企業の社長らしいキリリとした雰囲気は確かにありましたが、親しみやすい白いカーディガン姿でした。児玉清さんとフランキー堺さんを足して二で割ったような人なつっこい笑顔が、出迎えた豊重さん、副館長の西倉さん、老人会長の有島さんをちょっとホッとさせたようです。キム社長は日本語も話せました。「日本語はヘタです」と謙そんしていましたが、豊重さんに伝えたい思いがいっぱいという風情で情熱的に語る韓国語なまりの日本語は、かえって人をひきつけるものでした。

「私がやねだんのことを知ったのはたった三週間前なんです。それがね、偶然に偶然が重なって不思議だったんですよ。福岡に出張して泊まったホテルで、その日だけ朝早く目が覚めてしまったので、テレビをつけたんです。そうしたら、ちょうどやねだんの番組が始まって、最後までみてしまったんですよ」。

（ええっ!?）

あまりの驚きに、叫びそうになりながら思わず福留カメラマンの方を見ると、彼もカメラは回し続けながらレンズから顔をはずし、目を丸くしてこちらを見ていました。私たちが制作したドキュメンタリー番組『やねだん』は、全国放送はまだ実現していませんでしたが、同じTBS系列の局が番組購入してくださり他県で放送される、ということが広がっていました。そして、確かに福岡県では二〇〇九年三月末の朝、RKB毎日放送が放送してくださっていたのです。

「番組を夢中でみて、私の中に電気のような直感が走りました。それからすぐ、部下に電話をしてやねだんの場所を調べてもらい、出かけました。これだ！と思いました。焼酎やねだんも飲んでみて、これだ！と思いました」。

豊重さんはあ然としながら聞き入っていました。キム社長は、やねだんのありのままの空気を感じるために、豊重さんにも連絡せず、すでにお忍びで訪れていたのです。

キム社長をそこまで駆り立てたものは何だったのか？

韓国の人口第三の大都市・テグに「ジェイズホテル」という東光・ジェイ

ズグループのホテルがあります。地元では有名なホテルですが、二〇〇八年秋のリーマンショック以降、一階フロント周辺の店々が売り上げ不振に陥っていました。日本の焼き鳥が大好物だったキム社長は、焼き鳥などおいしい日本料理を出す上品な居酒屋をホテルの新しい顔としてつくりたいと考えましたが、単なる商売でなく、その店に込める〝魂〟を探し続けていました。そんな時やねだんを知り、逆境をはねかえし続けて故郷を再生させた〝やねだん魂〟が、キム社長の琴線に触れたのです。しかも、焼酎やねだんの味が韓国の人々の口に合うと確信し、焼酎やねだんをシンボルとした「やねだん」という名の居酒屋をつくる決意をしたのだそうです。

「ジェイズホテルのあるテグも中心部は都会ですが周囲は農村地帯で、日本の地方と悩みは同じです。不況や高齢化で韓国でもあきらめている人が多い。でも、やねだんを見てください、と言いたい。日本のちっちゃいちっちゃい田舎の田舎の集落がここまで来たその気持ち！（キム社長はやねだんを表現する時〝ちっちゃい〟と〝田舎の〟を二回ずつ言います）。やればできるんだ、やってみましょう、と。単に焼酎や焼き鳥を売るのでなく、やねだんの物語

日本のちっちゃいちっちゃい
田舎の田舎の
集落がこんなに
がんばっている
キム社長

を韓国の人に紹介しましょう、と思ったんです」。

　私は何としてもキム社長に直接インタビューしたくなり、同行の部下の人を通して相談しましたが、韓国でもインタビューを受けたことがない、やねだんの件はまだ非公式である、などの理由でやんわりと断られました。でも、キム社長は話しかければきっと答えてくれる人、そんな空気を感じました。豊重さんがキム社長をやねだんのあちこちに案内する様子を撮影しながら、見学がひと段落するのを待ち……えいっとマイクを向けてみました。

「やねだんの店を韓国につくりたいというキム社長のお気持ち、私たちにとってもうれしいお話です。ただ……過去の歴史から、韓国には日本を嫌いな方もたくさんいらっしゃるのではありませんか？」

「いますよ……」（やはり、キム社長は答えてくれそうです！）。

「日本名の店を出して、大丈夫ですか？」と尋ねると……。

　キム社長はしばらく黙ったあと、きっぱりこう答えました。

「そんな抵抗感で放棄したら、永遠にキリがないじゃないですか。誰かがやらなければ変わりません」。

「では、商売としては失敗するかもしれないけれどやってみたい、と?」

「失敗するかもしれないけれどやってみたい。やってみたい、じゃなくて、やって成功したいんですよ。ははは」。

「キム社長がそこまでのお気持ちになったのはどうしてですか?」

キム社長は、またしばらく黙ったあと、穏やかな笑顔でこう言いました。

「やねだんには〝感動〟がある。私が感じた〝感動〟と同じ気持ちになる韓国人は絶対いると思います。店は大成功するかもしれませんよ」。

キム社長の一行を見送ったあと、豊重さんが私にしみじみと言いました。

「韓国にも同類項がいたね。あの人は本物だよ」。

韓国にできた〈居酒屋やねだん〉

こうして、韓国に〈居酒屋やねだん〉が本当にオープンしてしまいました。

キム社長が福岡のホテルで偶然やねだんの番組を見てくださってから、わずか半年後のことです。

〈居酒屋やねだん〉の開店から一か月たった二〇〇九年（平成二一）一〇月、やねだんでは三泊四日の韓国表敬訪問が企画され、二〇人の集落民が出かけることになりました。参加者の最高齢は男女ともに八〇歳、吉留政夫さんと樋口節《とし》さん。おふたりとも八〇歳にして初めての海外旅行でした。

政夫さんは、わくわく運動遊園を集落総参加で手づくりした最初の頃から、その腕で地域再生を支えてきた大工さんです。「政夫さん、韓国楽しみですね」と話しかけると「ウキウキしていますヨ」と初の海外旅行がとてもうれしそうで、いつもの柔和な笑顔に後光がさすかのようでした。

節さんは、「アンパンマンとあたしは似てる」と笑わせてくれる、明るいおばあちゃまです。出発の日は、勝負服らしいシックな無彩色の花柄のスーツを着て現れたのですが、空港の出発カウンターでどうも服が気になっている様子でした。「節さん、ブローチもすてきですね」と声をかけると、「あのよ、はりきってこの服を久しぶりに着たらよ。腹が出てしまって合わない。ボタンがかからないの！　あははは」。つられてみんなも大笑い。節さんは思いきり笑ったあと、かからないボタンをあきらめ、きっぱりこう言いました。

「韓国が楽しみです！　勇気を出して行きましょう！」

韓国・釜山空港からバスで、〈居酒屋やねだん〉ができたジェイズホテルのあるテグに向かいます。市内に入ったことを示すハングルの標識を過ぎた頃、空を覆っていた雲が突然切れて夕陽が車窓の風景をいっきに茜色に染め、その美しさにみんなが歓声をあげました。

添乗員役を務めてくれていたジェイズグループの美人社員イ・ヨンウンさんが立ち上がって言いました。

「夕陽がやねだんのみなさんをお迎えしてます！」

どんな時でも誰かが笑わせてくれるのがやねだんです。この時は豊重さんでした。

「あの太陽、日本と同じものか？」

バスの中は大笑い。

ついにジェイズホテルに到着しました。玄関では〝やねだんのみなさん歓迎いたします〟と日本語で書かれた横断幕とともに、キム社長やジョン・ヨンサー会長やホテルスタッフがずらりと出迎えてくれました。スタッフの温かくも洗練されたふるまいから、上質のホテルであることはすぐ想像できました。

一行は、すぐにでも〈居酒屋やねだん〉を見に行きたい気持ちを抑え、まず荷物を各自の部屋に入れてから、ロビーに集まりました。三〇代から八〇代の二〇人ものやねだんの人々が韓国のホテルで談笑する姿を見ながら、私は改めて感慨がこみあげてきました。なぜかボーナスの日を思い出しました。あの日も夢のような日でしたが、さらに三年後にこんな日が来るとは誰が想像したでしょうか？

豊重さんの「さあ、行きましょうか」のかけ声で二〇人まとまってゆっくり歩き出し……フロントを通り過ぎると……ありました！

「居酒屋やねだん」!!

集落民・江口啓子さんの書で焼酎やねだんのラベルになっている〝やねだん〟の文字が、店の入り口の重厚な木の看板にそのままの字体で大きく描かれ、その左に小さく漢字で〝柳谷〟、その下に〝柳谷〟の意味のハングルが描かれています。そういえば江口さんの〝やねだん〟という字は、しなやかだけれども存在感のある〝柳〟に似ている、とふと思いました。外壁にはめこまれた障子が日本を感じさせ、入口の右側には、焼酎やねだんの一升瓶をかたどった照明があります。店に入ると、二〇人ほどが座れる〝上品な焼き鳥屋さん風〟のカウンターと、藍色やこげ茶色ののれんが入口にかかった六種類のそれぞれ雰囲気の違う個室。満席で六〇人入れるそうです。グラスにも品よく〝やねだん〟の文字が入っており、大きなモニターではさりげなくやねだんの番組が流れています。ホテルの外から見ると、到着した時は出迎えの人が多くて気づかなかったのですが、正面玄関のすぐ左に店の入り口があり、あたりが暗くなると、ネオンサインの朱赤色が、窓越しに見える店内の和の雰囲気を華やかに引き立てています。いつもにぎやかなやねだんの人々がしばらく言葉を失って見まわすほど、美しい店でした。

その後、「柳谷定食」という名で人気メニューとなっている、焼き鳥を中心とした創作料理を焼酎やねだんとともに楽しむ、夢のような時間が続いた

のです。一行のひとり、藤崎隆資《たかし》さんにマイクを向けると、すべてを言い表した感想が返ってきました。

「おとぎの国に来た感じ……おとぎ話です」。

〈居酒屋やねだん〉はオープン一か月ですでに人気店になり、特に仕事上の接待などビジネス客の利用が多く、平日の夜八時以降は予約なしでは入れないほどでした。

思いがけない常連客もいました。韓国の有名なテレビ司会者、ナム・ヒソクさんです。ナムさんは、〝韓国の明石家さんま〟ともいわれるコメディアン出身の超人気タレント。焼酎やねだんの味を「めっちゃうまい」と覚えたての日本語でほめたり、焼酎やねだんのラベルの集落民の集合写真を指さしながら、「あのう……美人はいませんか？　いい人ばかり、というのはわかるんですが」と言って笑わせたり、サービス精神にあふれていました。

そんなナムさんが真顔で言ったことがあります。

「私もキム社長からやねだんの物語をきいて感動しました」。

「ナムさんは『居酒屋やねだん』誕生のいきさつを新聞のコラムにまで書いてくれたんですよ」とホテルのスタッフはうれしそうでした。

しかし、私が最初に心配したのと同様に、ジェイズホテルのスタッフは全員、最初はこの店をつくることに反対だったそうです。

ホテルの総支配人チャー・ギチャンさんが話してくれました。

「スタッフ全員で反対しました。テグという都市は保守的なので、やねだんという日本の地名のついた店はうまくいかない、と心配しました。でも、キム社長がひとりひとりにやねだんの物語を情熱をこめて話し、しだいに私たちもやる気がわいてきたのです」。

キム社長も笑いながら言いました。

「やねだんでも最初は反発があったのを豊重さんがひとりひとり説得していったのでしょう？　私も豊重さんを見習ったんですよ。それに、オーナーのジョン会長が最初から乗り気だったので心強かったです」。

キム・ギィファン代表取締役社長はこの時五〇代前半、ジョン・ヨンサー代表取締役会長は四〇代後半。ジョン会長は創業者一族だそうですが、威圧感のない、穏やかな人でした。在日二世で大学時代まで大阪で暮らしており、関西弁のイントネーションできれいな日本語を話すのです。一方、キム社長は別の企業で日本と関わりが深い仕事をしてきたのち、ヘッドハンティングでジェイズグループの社長に就任したそうです。ジョン会長もキム社長も日本と縁が深く、つくづく不思議で幸運なことでした。

キム社長は言いました。

「私はやねだんの店は必ず成功すると信じていましたが、テグで受け入れられるには一年くらいかかる、と覚悟していたので、たったひと月で繁盛したのには本当に驚いています。二号店を出したい、という話まで来ているんですよ」。

ジョン会長が、こう続けました。

「でもね。私たちもやねだんの店を韓国で広げたいとは思っていますが、〝膨張〟ではなく、〝成長〟しながら続けたいのです。やねだん集落と同じようにに」。

ジェイズホテルの人々がやねだんの再生に感銘を受けたように、やねだんの人々も、ジェイズホテルのスタッフの本気の店づくりに胸を打たれていました。両者のひたむきな姿勢が〈居酒屋やねだん〉の引力を倍加したように感じられ、感動が人を動かす、ということをまた教わった気がしました。

……と、この韓国への広がりはここまででも十分おとぎ話のようだったのですが、このおとぎ話はまだまだ続きがありました。

上映会が広げてくれた出会い

「番組を制作してよかった」という思いは、ますます強くなっていきました。番組は、やねだん集落を全く知らない遠くの人にもやねだんの地域再生一二年を一時間弱で伝えることができ、何よりも〝空気〟を伝えることができます。子どもからお年寄りまで生き生きと暮らすやねだんの〝空気〟こそ感じていただきたいものだからです。韓国のキム社長に出会えたように、番組は出会いを爆発的に広げてくれました。

二〇〇九年（平成二一）六月、豊重さんと私は立教大学に招かれました。日本の福祉政策や介護保険、地域ケア研究で高名な高橋紘士《ひろし》教授（現在は東京通信大学教授）が、「やねだん学・事始」という公開講演会を立教大学の公式行事として企画してくださいました。最初に、ドキュメンタリー『やねだん〜人口300人、ボーナスが出る集落〜』が上映され、その後、高橋教授をコーディネーターに、豊重さん、ノンフィクション作家の佐野眞一さん、総務省の初代地域力創造審議官の椎川忍さん（現在は地域活性化センター理事長）、私の五人によるシンポジウムが行われました。来場者は立ち見も含めて教室一杯の二五〇人。学生さんよりも一般の方が多く、それぞれの地元で地域づくりに関わっている人々、公務員、研究者、ジャーナリスト、政治家……その幅の広さと熱気に驚かされました。

高橋紘士教授。「やねだんのような事例はとかく懐古的にとらえられがちですが、私は懐かしむような気持ちで注目しているのではありません。行政や補助金に頼らずコミュニティビジネスで自立している、と同時に、人づくりを最も重視している。私は、やねだんには絶対に二一世紀の風が吹いていると思っています」。

ノンフィクション作家の佐野眞一さん。「やねだんに感心するのは、子どもの目の輝き。この集落では、子どもは〝誰々さんの家の子〟というだけでなく〝社会の子〟として育まれている。もうひとつ感心するのは、〝疑わしい人間〟、〝異分子〟を迎え入れたこと。強い組織というのは〝異分子〟がいるものです」。

高橋教授。「なるほど〝異分子〟ですね。〝型を破る存在〟は大切ですね。文化行政や福祉行政などは、とかく〝清く正しく美しく〟を追求してしまう。真に問われるのは、人間の等身大の欲望とどう向き合えるか、ですからね」。

すると、豊重さんが、第一号移住画家の石原さんが不審者とまちがえられた話をして、会場は大笑い。そのうち、どのように集落のまとまりを築いたか、という核心の話になり、みんな夢中で聴いています。豊重さんは話も達人です。子どもの頃から落語が好きだったそうですが、笑わせる、泣かせる、ちょっと噺家のようです。

この二〇〇九年は、元厚生労働大臣で参議院議員の尾辻秀久さんが参議院の代表質問で麻生太郎総理（当時）にやねだん視察を勧め、国会で初めてやねだんが話題にのぼった年でした。上映シンポジウムにもかけつけてくださった尾辻さん、参加者の心に残るこんな問いかけをしました。

「〝やねだんの成功は小さい地域だからできたのだ〟という言い方をする人がいる。でも、〝小さいからできたのか？〟〝人口の多いところでは無理なのか？〟ぜひみなさん、考えてください」。

総務省の椎川忍さんは、リュックサックを背負って全国の地域づくりの現場を歩き続けてきた、現場を大切にする役人です。

「豊重さんのすばらしさは、小さなことを見逃さないで実践を積み重ねたこと。それも、人にやらせるのでなく、自分で実践したこと。そんな姿に共感する人がひとり、またひとりと増えていった。どんなところにもコミュニティがあり、〝そこに住む人がいかに幸せを感じながら日々生活できるか？〟

が重要であることに変わりはない。成功のエッセンスは応用できるはずです」。

小さなやねだん集落に対して、地域再生という視点だけでなく、子どもの教育、福祉、地域経済、国づくり……集った人々がそれぞれの立場と視点でヒントを見出し、豊重さんを囲んでいつまでも話が尽きないような一体感がありました。

上映会というのは、放送に比べて人数こそ限られますが、お互いに顔が見えて直接語り合えるだけに、放送以上の可能性を感じることがあります。新たな突破口が生まれることもしばしばで、上映会には深く感謝することばかりです。

この時も、終了後に思いがけない展開がありました。

忘れられないクリスマス

立教大学での上映シンポジウムに来てくださった人々の中に、国際医療福祉大学大学院教授の大熊由紀子さんがいました。大熊さんは元新聞記者で、朝日新聞の女性初の論説委員として医療や福祉の社説を担当し、私もかけ出しの頃からお名前を知っていた、尊敬する女性ジャーナリストです。名刺交換しながら、私は、「あの大熊さんに会えた」と喜んでいました。

大熊さんは長年の取材を通して「ひとりでは変わらなくても、人がつながると変わる。志ある人をつなぎたい」と感じ、朝日新聞を定年退職後、「福祉と医療・現場と政策をつなぐ〈えにしネット〉」を開始。大熊さんが〝志がある〟と感じている人々の情報交換の場をネット上につくり、国内外五〇〇〇人のネットワークを築き上げていました。その〈えにしネット〉でやねだんの地域再生や番組のことも伝えてくださったのです。

〈えにしネット〉メールを受け取ったおひとりが稲岡万喜子さんでした。万喜子さんは、当時、医師をめざし勉強中でしたが、前職のＴＢＳディレクター時代に医療の取材を通して大熊さんと信頼関係を築いていました。万喜子さんは大熊さんからのメールに書かれていた番組『やねだん』に強い関心をもち、ご主人にも伝えてくださいました。そのご主人とは、ＴＢＳのニュース番組『総力報道 THE NEWS』の稲岡洋樹編集長（当時）。こうして二〇〇九年（平成二一）六月、稲岡編集長から「やねだんの番組をみせていただけませんか？」との連絡がMBCに入り、いっきに全国版特集の話が進み始めたのです。

それまで、MBCでもやねだんを広く伝える機会を模索してきましたが、英語版、韓国語版、中国語版ができたあとも、国内の全国放送だけはなぜか実現せず、あきらめかけていました。継続取材を始めて五年めでした。しかし、「待ってよかった。今がその時だったのだ」と確信できるほど、この時のTBSスタッフはやねだんを伝えることに愛情を注いでくれました。稲岡編集長は番組の全シーンを記憶しているのではないかと思うほど繰り返し見ており、並々ならぬ覚悟で臨んでくれました。

『総力報道 THE NEWS』は平日の一八時四〇分～一九時五〇分に放送されていたニュース番組で、その日の様々なニュースを伝えるという番組の性質上、長い特集でもVTRとスタジオ解説あわせて一五分程度が最長とのことでした。しかし、稲岡編集長は一五分ではやねだんは伝えきれないと、ニュース番組としては破格の約三〇分の特集枠を確保、しかも、途中一度もCMを入れない構成にしてくれたのです。私と福留カメラマンは、豊島歩デスク、小路由香ディレクターを中心としたTBSのスタッフと、まるで長年ともに取材してきたかのように心を通わせながら特集を制作することができました。

一九時台という抜群にいい放送時間だったこと、さらに、首都圏の第一線で働く人でも一九時ごろ家でテレビを見られる可能性が高い日として一二月二三日の祝日を選んで放送していただいたこともあり、大きな反響がしばらく続きました。放送直後から二四時間以内にやねだんのホームページに一万件のアクセスがあり、問い合わせ、視察や焼酎やねだんの申し込みが殺到しました。やねだんのみなさんにとっても、私たちにとっても、生涯忘れられないクリスマスとなりました。

海をわたった“やねだん”

2009年春、韓国の企業家キム・ギィファンさんがやねだんの再生物語に感動し、半年後にはテグに〈居酒屋やねだん〉をオープン。集落民20人が韓国へ表敬訪問するという夢のような展開となりました。この旅には思わぬ収穫も。韓国の健康遊具にみんなが夢中になり、帰国後、わくわく運動遊園に同じものをつくってしまいました。〈居酒屋やねだん〉は人気店となり、ソウルも含め5店まで増えました。

上　2009年4月、“やねだん”を訪れたキム・ギィファン社長。
下　2009年10月、集落民20人が韓国へ表敬訪問。〈居酒屋やねだん〉が入るホテル前。背後の横断幕には「やねだんのみなさん歓迎いたします」。

上　2009年9月、韓国テグにオープンした〈居酒屋やねだん〉外観。

中　“やねだん”の20人は韓国のホテルの横の歩道にあった健康遊具に夢中になり、滞在中、何度も楽しんだ。

下　いつもは腰をまげて歩く羽根田節夫さん、実は若い頃、体操選手で、韓国の健康遊具を鮮やかにこなし、みんなが拍手喝采。後日、“やねだん”に健康遊具が完成した式典では模範演技。

広がる韓国との交流

韓国との交流は進展し続けています。“やねだん”の気候や土がとうがらし栽培に向いているとわかり、とうがらしが新しいブランドに。〈焼酎やねだん〉モニュメントに続き、特大とうがらしモニュメントがわくわく運動遊園に登場しました。さつま町の農産加工グループ「Hello さつま」との協働で、「コチュジャンやねだん」「豚みそやねだん」などおいしい新製品も次々と生まれています。

石原さん制作のとうがらし畑の看板と、とうがらしモニュメント。2014年5月の除幕式で「みどりの部分（へたの部分）がロケットみたいな形でありまして、赤いのが炎で、あっちへボーンと飛んでいくロケットみたいな勢いで制作いたしました」と語った。

取材できない

試練

そんなすばらしいクリスマスのあと迎えた新年、二〇一〇年（平成二二）は、別の意味で生涯忘れられない年となってしまいました。

夏から私は体調をくずし、取材ができなくなりました。

命に関わる血液疾患が見つかり、休職しなければならなくなったのです。

経験豊かな医師に超早期に発見していただき、また、特効薬と呼べるほどの新薬が海外で開発されていたことは非常に大きな幸運でした。この新薬ができるまでは、多くの患者さんが苦しみながら亡くなられた、とのことでした。しかし一方で、どうすれば完治できるのかがまだわかっていない臨床研究段階であったため、新薬の副作用のダメージに気をつけながら医師とともに試行錯誤で治療を続け、医療の進歩を待つ必要がありました。

長期療養のため、取材活動は中断せざるを得ません。

長期療養のあと復帰できたとしても、どの程度、体調が戻るのか？

完治が判断できないとすれば、取材活動はもうできないのでは……。

やねだんについては、田上憲一郎報道局長（当時）と諏訪園真人報道部長（当時）の心ある采配で、後輩たちが取材を続行してくれました。

「必ず治る。あせらず療養して。みんな待っているから」。

みんなの温かさは変わることがなく、どれだけ支えられたかわかりません。

実は、私がこの原稿を書き始めたのは、この療養中でした。豊重さんが命の危機に直面した時、「地域再生の記録を書き残さなければ」と入院中のベッドで必死に執筆しようとした気持ちが痛いほどよくわかりました。私も、執筆どころではない体調の日も少なくありませんでしたが、書きたい、という気持ちはトンネルの向こうの小さな光のようでした。

ふたたび、忘れられないクリスマス

夏から秋になり、冬になっても復帰の目途はたちませんでした。感染症に弱い体調になっているため、通院以外ほとんど人に会わず、自宅で静養する日々でした。

ところが、夢かと思うようなことが起こりました。前年二〇〇九年一二月二三日、ＴＢＳテレビ『総力報道 THE NEWS』でやねだん特集を実現させてくれた稲岡洋樹編集長は、翌年春、番組の終了により、深夜の看板番組である『NEWS 23 クロス』の編集長となっていました。二〇一〇年は、〝消えた高齢者問題〟が顕在化し、所在不明の一〇〇歳以上の高齢者が法務省の調べで全国に二三万人以上いることが判明した年でした。〝無縁社会〟という悲しい言葉が浸透する中、〝無縁社会〟の対極にある絆の深い地域としてやねだん集落があらためて注目され、『NEWS 23 クロス年末スペシャル 〝やねだん〟感動の地域再生一四年』として全国放送されることになったのです。放送日は前年と同じ一二月二三日祝日、そして今回も約三〇分という破格の特集でした。自宅療養中だった私はこの時期、抵抗力のなさから感染症にかかり、声もろくに出なくなっていましたが、ＴＢＳ国府田《こうだ》崇《たかし》ディレクターとＭＢＣ本坊《ほんぼう》伊《い》知《ち》子《こ》記者（当時）は、私が少しでも構成に参加できるよう、メールや電話で何かと相談してくれました。放送当日は自宅のテレビで一カットも見逃さないよう見守りました。やねだんからの生中継もあり、執《し》行《ぎょう》真希《まき》キャスターがレポート、集落の大勢のみなさんが出演してくださいました。感謝で胸がいっぱいになっていた時……番組のエンディングに予想もしない映像が流れました。

〝山縣キャスター　早く元気になって下さい〞

そう書かれた横断幕をやねだんのみなさんがニコニコしながら掲げてくださっている映像……息が止まるかと思うほど驚きました。あまりの感激に、なぜかクマのように部屋を丸く歩きながら泣いていました。二〇〇九年も人生最高のクリスマスと思ったのですが、二〇一〇年、病気療養中にこんなすばらしいクリスマスをすごせるとは思いませんでした。

その後も二年近く療養が続きましたが、二〇一二年、私は多くの方々に支えられ、少しずつ職場復帰を果たすことができたのです。

取材中の山縣由美子と福留カメラマン。〈わくわく運動遊園〉の入り口に建てられた〈焼酎やねだん〉モニュメントの前で。

奇跡は手の届くところに

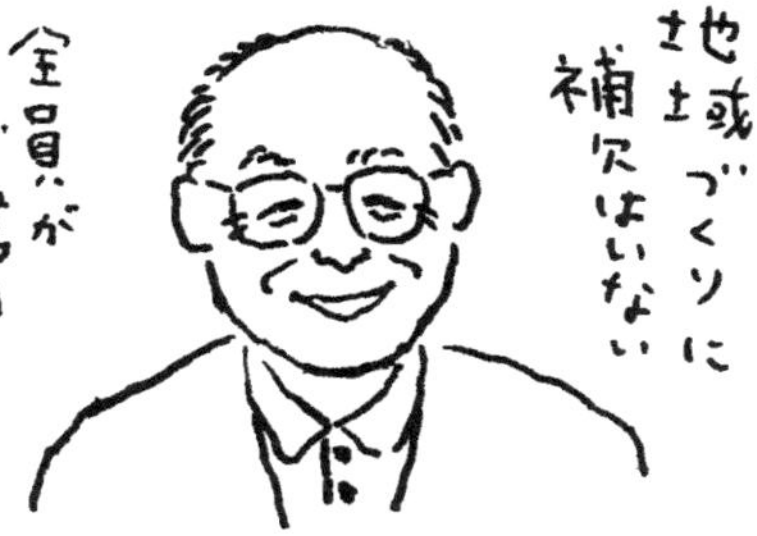
地域づくりに
補欠はいない
全員が
レギュラー

故郷創世塾

やねだんへの視察は、正式な申し込みを経て受け入れたものだけで毎年年間六千人を超え続け、豊重さんへの講演依頼は年間一五〇回にまで増えました。豊重さんに電話をすると「今、北海道だよ。名古屋と島根に行って四日後に鹿児島に帰るからね」などと県外にいることが多くなり、全国を駆け回っていました。

ある時、豊重さんがこんな思いを話してくれたことがあります。

「地域再生を学びたい、とやねだんに来てくれたり、私を講演に呼んでくれたりするのはとてもうれしい。でもね、私の話を聞いたあと、『やねだんのようになりたいけれど、うちの地域には豊重さんみたいなリーダーがいない。だから無理なんですよね』と言う人が時々いて悲しくなる。私だって学歴もないけど、必死に動いているうちにそれなりの知恵が出てきた。やねだんみたいな田舎の集落でもできたのだから、どこでも形を変えてできますよ。

そう伝えたいから、視察でも講演でもなるべく断らないようにしているんだけどね」。

どこでも形を変えてできる、と伝えたい豊重さんの思いと、やねだんをもっと深く知りたい人々の要望が重なり、〈やねだん故郷創世塾〉が始まりました。やねだんに泊まり込んで学ぶ合宿のような塾で、自治体の首長や職員、民間の経営者、教育や福祉関係者などが三泊四日の塾に全国から集まるようになりました。豊重さんも早朝から深夜まで参加者と徹底的に向き合いますが、やねだんの住民も〝講師〟となります。地域再生を最初から知っているお年寄りだったり、後継者世代の四〇代五〇代だったり、子どもたちも講師になります。講師といっても、それぞれが知るやねだんを自然体で語り質問に答えるだけなのですが、住民と接することこそが参加者に勇気を与えるようです。

やねだんの住民は、みんなごくふつうにみえます。どこにでもいそうな老若男女や子どもたちです。でも、よく話してみると、奉仕や参加の意識が高く、朗らかさ、互いへの思いやり、自分の集落への誇りや愛情が自然と身についている。そして、お年寄りから子どもまで気持ちよく声をかけあい、安心して仲良く暮らしている。そんなさりげなくも堂々とした住民のたたずまいに、塾の参加者は深く感心し、同時に、その気になれば手が届きそうな自信も得るのです。

そういえば、韓国のキム社長もやねだんの持つ空気についてこう話していました。

「人の発想のちょっとの転換によってこういうふうに変われるんだ、と。そのことをやねだんは意識しないように教えるんですよ。自然な教育性があるんです」。

二〇一〇年（平成二二）五月の第七回故郷創世塾の終了後に参加者に感想を聞くと、やはりやねだんの雰囲気が印象深いようでした。

京都府の福祉施設職員。「おじいちゃん、おばあちゃんがあんなに楽しそうに笑って暮らしているのが衝撃でした。こんな地域を増やしたいと心底思いました」。

兵庫県内の町議会議員。「鍵は〝感動〟と〝感謝〟ですね。それが一番心に残りました」。

奈良県十津川村《とつかわむら》の村長、更谷慈禧《さらたによしき》さん。「やねだんのように、孫もひ孫もみんなが帰って来たくなる故郷をつくります」。

十津川村役場からは、更谷村長を含めてなんと五人が塾に参加していました。「村のお金は大丈夫ですか？」と尋ねると、「豊重さんのような心がみんなの心にちょっとでも入るなら安いもんです」と更谷村長。

やねだん魂の各地への広がりを取材したいと思い、まず奈良県十津川村の取材を計画しました。四人の職員を連れて首長自ら塾に参加した更谷村長の、朗らかな中にも芯のあるオーラが豊重さんと重なって印象的だったのです。ところが、この故郷創世塾の取材後に体調を崩した私はそのまま休職となってしまい、十津川村の取材は実現しませんでした。

一年四か月たった二〇一一年（平成二三）九月、療養中にテレビニュースを見ていた私は息をのみました。奈良県十津川村を台風による豪雨が襲い、死者七人、行方不明者六人の惨事となっていたのです。憔悴した更谷村長の姿もありました。

十津川村は人口三五〇〇人、日本一面積の広い村として知られていますが、九六パーセントが山林で、七五か所で山崩れ、高齢化した集落が散在する村にとってあまりにも大きな災害でした。しかし、更谷村長は災害という逆境を逆手にとる決意をします。「この村には林業しかない。林業再生は山の手入れにもなる。一致団結して林業を再生させよう」。

まず、仮設住宅をプレハブにせず、地元産木材の仮設住宅を建設できるよう県と交渉、しかも、村内の大工さんたちの協力でプレハブ並みの短い工期で完成させたそうです。村民が自発的に道路復旧作業をしてくれたり、更谷村長を中心に村民が団結していきました。産業、教育、観光、あらゆる分野で山や木の魅力にこだわり続け、災害後の六年間に地元材の生産量は一〇倍、事業所も二社から七社に増加。二〇一七年(平成二九)に完成した村営住宅「高森のいえ」は、家々が集会所や広場、渡り廊下などを共有し、助け合える集落のモデルをめざしています。地元にあるものを生かし、人の和を大切にする再生、まさにやねだんと響き合います。

更谷村長は話します。

「故郷創世塾で豊重さんから、村の職員全員の名前を言えるか？　職員はファミリーだよ！　と厳しく言われたことが忘れられません。豊重さんの地域を思うひたむきな気持ち。あんなに心が裸にされた気分になったことはなかった。今、村づくりで何をするにもやねだんが原点です。十津川村も災害後、村民が助け合えていることが誇りです」。


〈やねだん故郷創世塾〉に参加した〝塾生〟は、それぞれの地元に帰ったあとも互いに連絡を取り合い、やねだんを核とした全国ネットワークが築かれていきました。二〇一一年（平成二三）の東日本大震災の時には、震災直後、やねだんの迎賓館に福島県で被災した三家族一〇人を受け入れ、宮城県仙台市の被災者支援団体に塾生が交代でボランティアに入りました。その被災者支援団体が市内各地の児童館や公民館の子どもたちに絵本や文房具やおもちゃを届ける車を必要としていることを知り、やねだん集落で軽ワゴン車を購入して贈ることになりました。車にはやねだんに移住した画家、石原啓行さん、大窪顕子さん、三谷正さんが太陽、花、鉛筆など彩り豊かに描いて〈やねだん号〉と名前を入れ、全国の塾生のうち三九人がリレーで運転して北上、子どもたちへの贈り物を各地で積みながら仙台市に届け、〈やねだん号〉は今も移動図書館として被災地を走り続けています。

二〇〇七年（平成一九）に始まった〈やねだん故郷創世塾〉の塾生は二〇一九年（令和元年）現在で一〇八九人（二五回）、豊重さんの思い「どこでも形を変えてできる」は、少しずつ像を結びつつあります。また、国際医療福祉大学大学院教授の大熊由紀子さんの「人がつながると変わる」という言葉もあらためて思い出されるのです。

医療費も介護給付費も安上がり

やねだん集落の地域再生が始まったのが一九九六年（平成八）、それから

ちょうど二〇年めにあたる二〇一五年（平成二七）は、二〇年という継続の力が表れた年だったと言えます。一月には地方創生担当大臣として石破茂さんが、八月には内閣府大臣政務官として小泉進次郎さんが、どちらも一泊二日でやねだんを訪れました。国政のキーパーソンが次々とやねだんに泊りがけで訪れ、集落のみなさんと交流する姿を見るのはやはり感慨深いものでした。石破さんも小泉さんも、リーダー豊重さんややねだんの心意気に感銘を受けたことをその後も各所で語っています。また、この二〇年間、やねだんに寝たきりのお年寄りがいない、という事実は両氏を驚かせました。そして、両氏をはじめ、発信力のある人々から注目されたことにより、ある調査結果に改めて光があたりました。「共生・協働の地域づくり活動と健康度との関連について」と題して、鹿屋保健所が二〇一一年（平成二三）に公表した調査で、やねだんのお年寄りの医療費や介護給付費が他地域より低く、やねだんでさかんな共生・協働の地域活動が住民の健康度にもよい影響を与えているのではないか、と分析されているのです。

この調査では、やねだん集落、やねだんと人口規模等が類似している鹿屋市内のA集落、そして鹿屋市全域を比較しています。二〇〇八年度、二〇〇九年度の医療費や介護給付費を比べたり、二〇一〇年には生活習慣や地域活動についてのアンケート調査も行われました。

調査結果によると、まず医療費については、〇九年度の七五歳以上の高齢者一人あたりの医療費は、やねだん集落が四四万九千円、A集落が六一万七千円、鹿屋市平均は八〇万二千円、やねだんは鹿屋市平均と比べると三五万円以上も低いことがわかりました。

また介護については、高齢化率も要介護認定率もやねだんが最も高いにもかかわらず、〇九年度の六五歳以上の要介護認定者一人あたりの介護給付費は、やねだん集落が九五万九千円、A集落が一一一万八千円、鹿屋市平均は一三六万三千円、やねだんは鹿屋市平均より四〇万円以上低かったのです。

アンケート調査でも、やねだんの六五歳以上の人は、「運動・スポーツをしている」、「新聞や書物を読む」、「地域活動やボランティア活動をしている」人の割合が他地域より有意に高いことがわかり、調査した鹿屋保健所は「やねだんの地域活動が高齢者の生きがいづくりに貢献し、介護予防や健康づくりにつながり、結果として、医療費や介護給付費などの節減にもつながっていると考えられる。共生・協働の地域づくりは健康の観点からも重要で、推進を図りたい」とまとめています。

やねだんでは、わくわく運動遊園、〈焼酎やねだん〉用さつまいもや土着菌生産、食堂未来館、迎賓館……〝なるべく手づくり〟をモットーに地域を再生し続けてきましたが、高齢のみなさんがきびきび動く姿に目を見張りながらも、重労働が心配になる時もありました。しかし、「やねだんのお年寄りは元気そうにみえてはいたけれどもほんとうに元気でした」というお墨付きが出たのです。

そして、この調査には、心に響くアンケート結果がさらにありました。

「地域づくりに補欠はいない　全員がレギュラー」

鹿屋保健所の調査書に、以下のような考察がありました。

「アンケート調査で、〝地区のまとまりが良い〟、〝地区のリーダーは地区のために良くやっている〟、〝お互いに世話しあっている〟、〝お互いに協力する気持ちが強い〟の四項目においては、やねだんの割合が有意に高い。地域愛着度が有意に高く、地域活動やボランティア活動等に積極的に参加し、これまでの経験を生かす機会があり、身体的・精神的に良い影響を受けている」。やねだんの人々が自分の暮らす地域を愛し、喜んで地域のために働いていること、その結果として健康の恵みも受けていることが裏づけられた調査結果でした。

これを読みながら、集落民のひとり、吉留秋雄さんを思い出していました。

二〇〇九年（平成二一）、韓国に〈居酒屋やねだん〉ができ、表敬訪問の旅が企画された時、豊重さんが誰よりも韓国の旅を楽しんでほしかった、でも連れて行ってあげることができなかったのが吉留秋雄さんでした。秋雄さんは地域再生をスタートから支え、豊重さんをずっと応援し続けてくれた長老でした。豊重さんは秋雄さんを韓国訪問団の団長に、とまで考え、秋雄さん自身も韓国行きを熱望していたのですが、体調をくずし、人工透析を受けていたため、医師の了解が出なかったのです。

そして、韓国の旅の二か月後、二〇〇九年一二月に秋雄さんは帰らぬ人となりました。享年七五でした。

のちに、秋雄さんの娘、山田みどりさんがこんなエピソードを明かしてくれました。

「父は亡くなる直前にこう言ったんです。『韓国はな……良かったどぉ』。心は集落のみなさんと一緒に韓国に出かけていたんでしょうね」。

みどりさんは涙ぐみながらもにっこり笑って、こう続けました。

「父は……やねだんをすごく誇りに思っていました。私もやねだんに生まれてよかった、と思います」。

もちろん健康はすばらしい。でも、いつまでも健康でいられるわけではありません。いつかは永遠の別れも訪れます。

しかし、旅立っていった中尾ミエさんも吉留秋雄さんも、最後までやねだんの一員であることに誇りをもって生きぬきました。永遠の別れはとてもさびしくつらいことですが、喜んで生を全うした先輩たちは、残された人々のに感じます。

記憶に満ち足りた笑顔とともに生き続け、愛情深く見守り続けてくれるよう

リーダー豊重哲郎さんがよく語る言葉があります。

「地域づくりに補欠はいない　全員がレギュラー」。

誰も補欠扱いされない場所。ひとりひとりに出番があり、集って笑って安心して生きられる場所。もし私が人生の最後に生きる場所を選べるなら、やはりそんな場所に居たいです。いえ、「そんな場所に居たい」ではなく、「そんな場所にする」という気構えの人のことをレギュラーと呼ぶのでしょう。

やねだんは〝奇跡〟というより、「自分たちの居場所は自分たちで良くする」というリーダー豊重さんの、そして、集落のみなさんひとりひとりの気概の結晶であることを教えてくれます。

だから私も伝えたくなるのだと思います。

焼酎やねだん用のさつまいもを持って笑う豊重哲郎さん。番組PRにいつも使っていた好きなカット。

世代を超えて行うさつまいもの収穫作業。1998年から高校生たちを中心に始め、毎年実り豊かな畑に。

迎賓館・第一号館
この迎賓館は、空家対策の一環
アーチスト達を迎え入れ、地域の文
寄与する貴重な館である
柳谷町

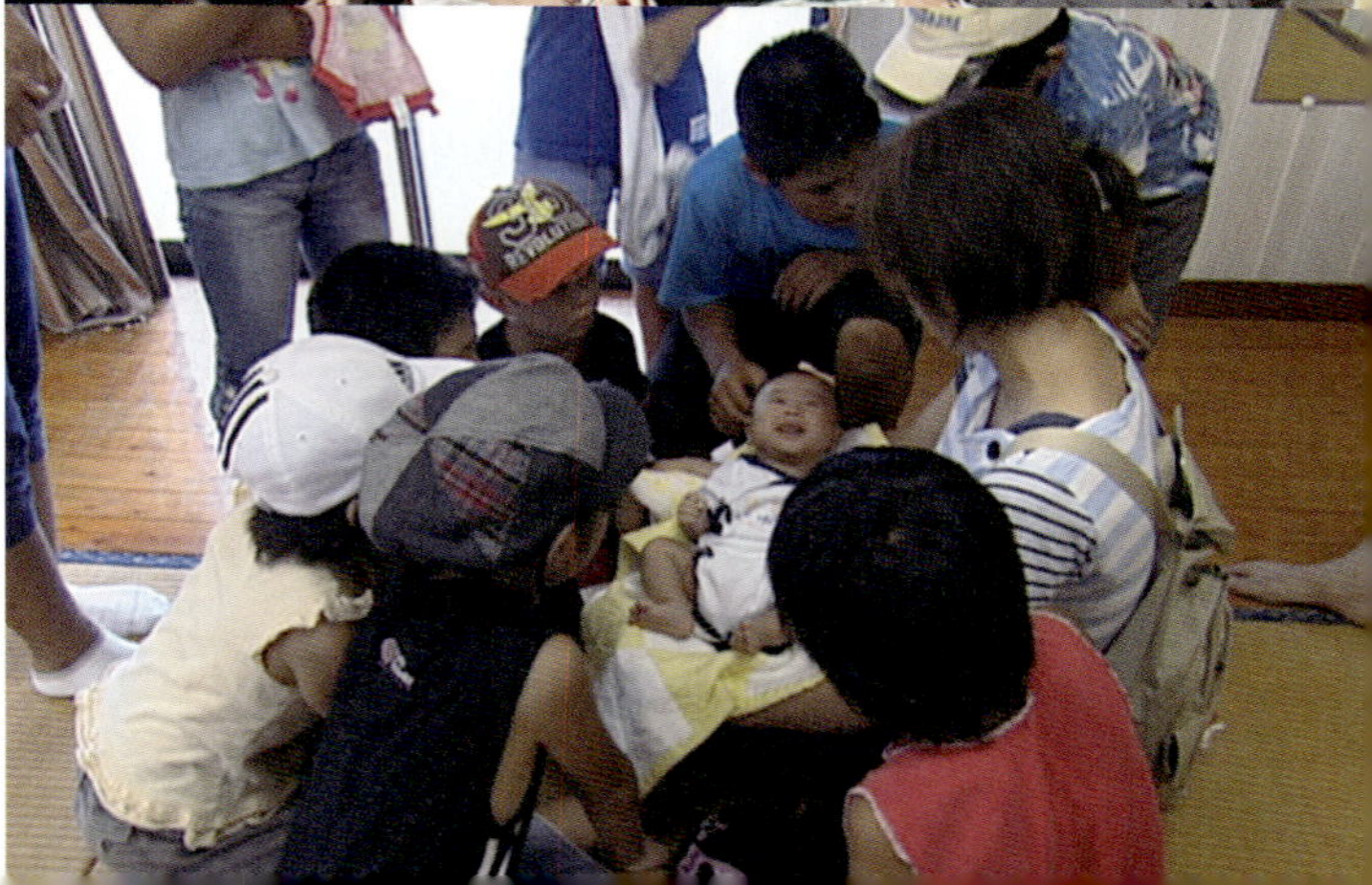

〈右頁上から〉

夏休みの終わり頃、お年寄りから子どもまで、夕涼みしながら散歩する〈サンセットウォーキング〉。

—

集落総出で空き家を手入れし、迎賓館の第1号館が完成。2007年、移住アーティストたちを迎えた。

—

2007年、やねだんに5年ぶりに誕生した赤ちゃん2人のお披露目の日、嬉しそうにのぞきこむ子どもたち。


〈左頁上から〉

2006年5月3日、公民館で集落の一人ひとりに手渡された、1万円の入ったボーナス袋。(写真は、公民館に今も掲示されているボーナス袋)「一日一生　これからも感動の地域づくりに　みんなで、がんばろう！」

—

オリジナル商品〈焼酎やねだん〉。土着菌の堆肥で焼酎用さつまいもを生産し、2004年に完成。再生の象徴となる、やねだん代表作。

—

やねだんのとうがらしを使った加工食品の数々。Helloさつま(http://www.hello-satuma.com/)と協働して商品開発し、6次産業を展開。黒豚の「エネルギッシュカレー」(2017年発売)は、豊重さんのネーミングもあって人気商品に。

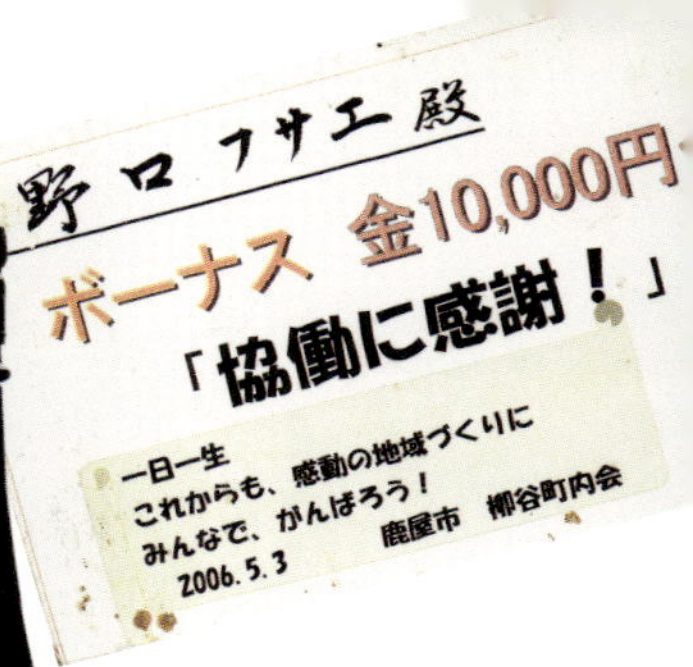

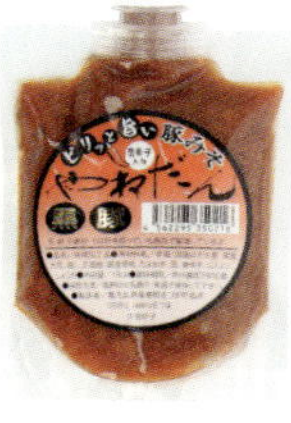

山縣が病気療養中だった2010年12月23日、TBS『NEWS 23クロス』でやねだん特集が放送され、サプライズでやねだんのみなさんから山縣への応援映像が流れた。

山縣キャスター早く
やねだん

2019年8月8日、九州大学伊都キャンパスの椎木講堂前にて。山縣の現在の職場で、豊重さんを招いて特別講義を開催した。左から、山縣由美子、豊重哲郎、福留正倫カメラマン。

あとがき

二〇一九年（令和元）、いよいよ本が完成しようとしています。

今年春、豊重哲郎さんは総務省の「ふるさとづくり大賞内閣総理大臣賞」を受賞なさいました。二三年間の地域再生への献身、ただただ拍手です。いつも腰にタオルをぶら下げ、汗まみれで奔走しながら、集落の小道の雑草を抜き、ごみを拾い、子どもたちや集落の人々に朗らかに声をかける豊重さん。先人を敬い、人を愛し、地域を愛する姿には感動が尽きません。懸命に人を愛するからこそ人に愛される、ということを、私は豊重さんから教わっています。

七八歳の豊重さんは今も奔走し続けています。

現在、日本と韓国の国同士の関係は、戦時中の元徴用工問題が政治、経済、安全保障に波及し、国交正常化以来最悪と言われるほど悪化しています。やねだんと韓国のみなさんは、「このような時だからこそ」と、築いてきた信頼関係を大切にしようとしています。二〇〇九年、テグにできた

〈居酒屋やねだん〉はホテルそのものが建て替え中で現在はありませんが、東光・ジェイズクループとは別の女性経営者キム・サンヒさんがやねだんの店のファンとなり、テグに二店めの美しく大きな〈居酒屋やねだん〉をオープン。これが人気店となり、二倍の面積にリニューアルしています。さらに、最初の店は、来年完成予定の新しいホテルに復活させる計画が進んでいます。

また、やねだんに新しいヒット商品が生まれました。韓国の種から育ったとうがらしです。キム社長がやねだんを訪れるうちに、「やねだんの気候や土がとうがらし栽培に向いているのでは」との直感を得て始まりました。とうがらしは韓国では使わない料理はないと言われるほど必需品で韓国産だけでは足りず、中国産が半分を占めていますが、韓国産も中国産も農薬多用が韓国の人々の懸念とのこと。そんな中、やねだんでは、さつまいもがそうであったように、とうがらしも土着菌を入れた土で無農薬でおいしくつくれることがわかり、保存のきくパウダー加工でじわじわと売れ行きを伸ばしています。品質を認めてくれたのは日本在住の韓国の人々。とうがらしは軽量なので、お年寄りにとって農作業しやすい、という良さもあり、豊重さんもキム社長もその将来性に目を輝かせています。キム社長が信頼する陽気な重役キム・デファンさんの発案で、とうがらしと黒豚入りの「やねだんエネルギッシュカレー」も誕生しました。このカレーは、さつま町の農産加工グループ「Helloさつま」(代表・古田妙子さん)が製造してくれており、「Helloさつま」との共同開発で

「コチュジャンやねだん」「豚みそやねだん」など次々とおいしい新商品が生まれています。

移住アーティストが七人になった二〇〇八年、やねだんの人口は三一四人まで増えましたが、お年寄りの多い集落のこと、永遠の別れが相次ぎ、二〇一九年現在の人口は二五三人です。しかし、人口は増えれば良いというものではない、大切なのは老若のバランスが良いことと人の和である、というのが豊重さんの信念です。アーティストについても、今でも移住希望者が訪れますが、豊重さんが断り続けています。分野が競合するアーティストは増やさない方針、今いるアーティストを大切にするためです。

人口は減っても持続可能な集落とは？　生き生きとした地域はどうしたら維持できるのか？　二三年間それを考え続け、精魂込めてきた豊重さんに、贈り物のような出来事がありました。草創期の一九九八年、高校生一二人がさつまいもを育ててイチローを見に行った、あの時の高校生のひとりでリーダーだった福沢大樹《ふくざわひろき》くんが二〇一六年に県外からUターンしたのです。福岡県で働いていましたが、子育てはやねだんで、と、やねだんに家を新築し、一家四人で帰ってきたのです。

やねだんの地域再生が全国に知られ、県外で暮らすやねだん出身の若い家族にとって誇りとなり、二〇〇七年からUターンが増え始めたことを本文で記しましたが、その二〇〇七年以降のUターンは一二世帯五一人、現在のやねだんの人口が二五三人ですので、五人にひとりはUターン組ということになります。アーティスト達のようなIターン組もいますので、やねだんでの暮らしを積極的に選択する若い転入組が大きな層となりつつあるのです。

さらに注目すべき数字は、総人口に占める一四歳以下の割合です。国の統計によりますと、日本の総人口に占める一四歳以下の割合は減り続けており、最新の数字で一二パーセントと過去最低です（二〇一九総務省統計局）。一方、やねだんの総人口に占める一四歳以下の割合は一〇年前の二〇〇九年が五パーセントと、この頃まではまだ低かったのですが、この五パーセントを最後に回復し始め、今年二〇一九年は一三パーセント、全国平均を上回っています。地域づくりがじわじわと実り、心強い次世代が育ちつつあると言えるのではないでしょうか。

「やねだんの地域再生を子ども時代に体験した世代が、おとなになって帰ってきて次のやねだんを創る。そんな流れを築きたかった。やっと手応えが出てきたかな」。

豊重さんはうれしそうです。

もうひとつ、豊重さんは長年の悲願を叶えました。それは、「集落葬」を実現させるための公民館の改築でした。集落の住民は無料で「集落葬」ができるようにしたい、と思い続けてきました。みんなで感謝とともに送りたい。ひとり暮らしのお年寄りがお葬式代の心配などしなくていいように。泊まれる部屋も用意すれば、帰省した人々の交流もできる。子どもたちにとっても別れの体験となり、命の大切さを学ぶ場になる。やねだんならではの〝ゆりかごから墓場まで〟です。ボーナスも復活しました。集落民全員に、ではなく、八五歳以上のお年寄りと、小学校に入学する子どもへのプレゼントとして続いています。

さて、私は二〇一四年（平成二六）に人生の激変があり、現在、母校・九州大学の理事を務めています。放送界を離れるなど考えたこともなかったのですが、九州大学の久保千春総長から理事起用のお話をいただいた時、最初に背中を押してくださったのは南日本放送の中村耕治社長（現在は会長）でした。相談の過程で南日本放送と九州大学、両方の人々の誠実さが心にしみて、「天に委ねよう」という心境になりました。経営など初体験で右往左往していますが、大学は研究や教育を通して未来を育む場所、とても楽しくやりがいのある仕事です。

新しい仕事の中、しばしば助けられるのが、取材で出会った方々の言葉です。川辺町《かわなべちょう》の取材を続けていた時、環境担当課長だった亀甲俊博《かめこうとしひろ》さんが教えてくれた「凡事徹底」。あたりまえのことを徹底してこそ本物になる。この言葉は年月を経るごとに私の中で輝きを増しています。

また、時々そら耳のように聞こえてきて、ひとり笑ってしまうのが、豊重哲郎さんのゲキです。「地域づくりに補欠はいない。全員がレギュラー。そう、山縣さん、大学づくりも補欠はいない。全員がレギュラーだよ。人は命令や理屈では動かない。人は感動した時、喜んで動いてくれるんだよ」。

かけがえのない取材を経験できたことに感謝しながら、どこに居たとしても、そこに集う人々にとって、そして、私自身にとって、生きる喜びを感じられる場所となるよう、微力を尽くしたいと思います。

取材記を書くことを勧めてくれた敬愛する友人たち、今泉清保さん（青森テレビ）、丹治史彦さんと井上美佳さんご夫妻（信陽堂編集室）。ずっと励まし続けてくれて、小さなダイヤモンドのような出版社、羽鳥書店さんと出会わせてくれました。羽鳥書店の羽鳥和芳社長、編集担当の矢吹有鼓さんの出版人としての矜持を感じる、妥協のないていねいな本づくりに接し、つくづく幸運を感じました。矢吹さんの真心あふれる編集には何度も奮い立たせていただき、同社の市橋栄一さん、尾仲由布子さんのお力添えにも支えられました。そして、家づくりのように本全体が心地よくなるよう腕を奮ってくださった本のデザイナー小川順子さん、何ともゆかいで温かいイラストを描いてくださったイラストレーターなかむらるみさん、チームのみなさんに心から感謝いたします。

意外な出会いもありました。ジャーナリストの出町譲《でまちゆずる》さんが同時期に取材記を書き進めていたことをお互い偶然知りました。出町さんはテレビ朝日、私はＴＢＳ系の南日本放送出身ですが、系列を越えてエールを送り合い、出町さんは東京からの視点で、私は地元からの視点でやねだんを伝えられたのも楽しい偶然でした（出町譲さんの著書は『日本への遺言――地域再生の神様《豊重哲郎》が起した奇跡』幻冬舎、二〇一七年刊）。

いつも変わらず深い愛情で支え続けてくれた家族、そして、思いやりをいただいたすべての方々、ほんとうにありがとうございました。この本が、読んでくださる方々にとって、小さな灯となりますように。

二〇一九年（令和元）九月

山縣由美子

やねだん（鹿児島県鹿屋市串良町 柳谷《やなぎだに》集落）
公式サイト http://www.yanedan.com/

柳谷自治公民館
八九三―一六〇五 鹿児島県鹿屋市
串良町上小原四九六四―二

―

自治公民館長 豊重哲郎（とよしげ てつろう）

一九六〇年、鹿児島県立串良商業高等学校卒業後、東京都民銀行入社。七一年にUターンして、串良町上小原で起業。九六年、柳谷自治公民館長に就任。著書に、『地域再生――行政に頼らない「むら」おこし』（出版企画あさんてさーな、二〇〇四年）。

ドキュメンタリー番組
『やねだん～人口３００人、ボーナスが出る集落～』
（南日本放送、二〇〇八年五月二九日放送）

―

アイデアと工夫、そして集落をあげた結束で、「限界集落」「過疎・高齢化」などの逆境をはねのけ続ける「やねだん」の、笑いと感動の一二年をつづった番組。ディレクター・ナレーション＝山縣由美子、撮影＝福留正倫。

［受賞歴］ギャラクシー賞テレビ部門選奨、「日韓中テレビ制作者フォーラム」番組コンクールグランプリ、「地方の時代」映像祭優秀賞、石橋湛山記念早稲田ジャーナリズム大賞、放送人グランプリ特別賞。

市販DVD（南日本放送、二〇〇九年三月発売）
MBC南日本放送 公式サイト内「MBCショップ」
羽島書店 公式サイトからも購入可

やねだん再生と取材の年譜

＊年の下の数字は集落の人口を表す（1998年以前は統計なし）。
やねだんの出来事をゴチック体（太字）で、山縣の取材状況やニュースの放送を明朝体で示す。

やねだん取材ニュースの放送は多数にのぼるため、主要なものにとどめた。

1996 | H8	3月、豊重哲郎さんが55歳で自治公民館長に選ばれる 1995年度余剰金1万円から自主財源づくりに着手 〈メッセージ放送〉開始
1997 | H9	公園づくりを開始し、再生の原動力となる結束力を培う
1998 | H10 325人	〈わくわく運動遊園〉完成 高校生たちを中心としたさつまいも生産開始 「さつまいもを植えてイチローを見に行こう！」 初年度（30a = 3000㎡）収益35万円 福岡ドームにダイエー対オリックス観戦バス旅行 〈緊急警報装置〉のプレゼント開始
1999 | H11 321人	さつまいも生産が“集落総参加”の自主財源づくりとして、徐々に軌道に乗る
2000 | H12 319人	〈土着菌〉の研究・開発開始 〈寺子屋〉開始
2001 | H13 311人	〈土着菌〉の試作を重ね、半年かけて成果を実証する
2002 | H14 305人	〈土着菌〉の販売開始、土着菌センター完成 日本計画行政学会「第8回計画賞最優秀賞」受賞 さつまいも畑は1ha = 10000㎡に増え、収益80万円

2003｜H15 土着菌を使った焼酎用さつまいも栽培、焼酎の開発開始
296人 自治公民館長・豊重哲郎さんに大腸がんが見つかる

2004｜H16 1月、豊重さん入院手術
292人 3月、〈焼酎やねだん〉完成、モニュメント落成
余剰金は年々増え、03年度は275万円に
政府選定の「農村モデル」に選ばれる
食堂〈未来館〉完成

——

山縣、豊重さんの講演に感動し、リサーチ開始（81年にMBC（南日本放送）入社の山縣が、89年フリー、97年MBC復帰をへて、97年から6年かけて、ダイオキシンに向き合う鹿児島県川辺町を取材したのちの出会いだった）

2005｜H17 「MBC賞」（ふるさと・鹿児島への貢献が将来にわたって期待される団体や個人を表彰する賞）受賞
291人 「Helloさつま」と協働し、やねだんの生産物を使った加工品の開発・販売を開始

——

この年からMBCの番組でやねだんが登場し始める
山縣、長期継続取材開始

2006｜H18 〈焼酎やねだん〉のヒットで、05年度余剰金は498万円にまで達し、以降、着々と自主財源を増やしていく
285人 5月3日、全世帯に初めてのボーナス1万円を支給
12月、移住アーティスト決定

——

『時の風』特集「やねだんと豊重哲郎さん」1月
『MBCニューズナウ 新春スペシャル』1月
『窓をあけて九州』（TBS系九州沖縄）
「やねだんの心意気」3月
『MBCニューズナウ』
特集「やねだん全世帯にボーナス！」5月
特集「やねだん母の日のメッセージ」5月

2007｜H19 301人	1月、〈迎賓館〉第1号館完成、移住アーティスト歓迎式 2月、〈ギャラリーやねだん〉オープン 5月、〈やねだん故郷創世塾〉開始（5月と11月、年2回開催） ―― 『MBCニューズナウ 新春スペシャル』 特集「今年も元気 やねだん」1月 『MBCニューズナウ』 特集「やねだんにアーティストがやってきた」1月 特集「やねだんにアートの風」2月 特集「やねだんに伊藤県知事がやってきた」4月 特集「やねだんにUターンの風」9月 『ど〜んと鹿児島』 ドキュメンタリー「やねだん〜人口300人、ボーナスが出る集落〜」【初放送】11月（2007年度中に4回放送）
2008｜H20 314人	5月、第1回〈めったに見られない芸術祭〉開催 足の弱いお年寄り19人にシルバーカーのプレゼント ―― 『MBCニューズナウ』 特集「やねだんで始まった芸術祭」5月 『やねだん〜人口300人、ボーナスが出る集落〜』 【特別番組として放送】（中尾ミエさん逝去を受け）5月 『MBCニューズナウ』「やねだん年末特集」12月 【ドキュメンタリーが次々に賞を受賞】6月〜12月 ギャラクシー賞テレビ部門選奨 「日本・韓国・中国テレビ制作者フォーラム」番組コンクールグランプリ 「地方の時代」映像祭優秀賞 石橋湛山記念早稲田ジャーナリズム大賞 山縣自身も「放送人グランプリ特別賞」を受賞
2009｜H21 311人	4月、韓国からキム・ギィファン氏（東光・ジェイズグループ代表取締役社長）がやねだんを訪れる 6月、豊重さんと山縣が立教大学に招かれ、公開講演会「や

ねだん学事始」開催
9月、韓国テグに〈居酒屋やねだん〉オープン
10月、やねだんの集落民20人が韓国表敬訪問
――
『MBCニューズナウ』「やねだんが国会質問に」1月
「やねだんドキュメンタリー英語版完成」3月
「韓国にやねだんの店出店へ」4月
『ズバッと鹿児島』
「山縣キャスターが早稲田大学でやねだん講義」7月
『MBCニューズナウ』
「みんなでパスポート取ってみんなで韓国へ」9月
特集「韓国にやねだんの店!」11月
TBS『総力報道THE NEWS』
特集「やねだん～奇跡の集落13年の記録～」【全国放送】
12月23日

2010 | H22
308人

5月、〈わくわく運動遊園〉に新健康遊具が設置される
――
『MBCニューズナウ』
「韓国で見つけた新しい元気の素は?」1月
「韓国の子どもたちがやってきた」2月
「韓国で見つけた元気の素　健康遊具完成」4月
「芸術祭で新しい健康遊具もお披露目」5月
「やねだん故郷創世塾」6月
山縣、体調をくずし、7月に長期療養へ
TBS『NEWS23クロス 年末スペシャル“やねだん”感動の地域再生14年』【全国放送】12月23日

2011 | H23
305人

3月、東日本大震災が起き、被災者の受入れ、被災地での塾生のボランティア活動、子供たちに絵本などを届ける車〈やねだん号〉の寄贈など、継続した支援活動を行う
――
『MBCニューズナウ』
「やねだんでも東日本大震災被災者受け入れ」3月

「やねだん号　東日本大震災被災地へ向け出発」5月
「やねだん号　仙台へ到着」6月
『ムーブ』(TBS系九州沖縄)
「やねだんからの贈り物〜東北の子どもたちへ〜」8月
『MBCニューズナウ』
「鹿屋保健所調査で判明　やねだん地域再生で医療費も安上がり」9月

2012 | H24
298人

韓国の〈居酒屋やねだん〉が店舗を増やし、交流も深まる

——

『MBCニューズナウ』
「やねだん号に感謝　宮城からお礼の手紙」1月
山縣、少しずつ復帰
『MBCニューズナウ』
「深まる信頼　増える韓国のやねだんの店」10月
「やねだんへアフリカからの研修団」10月

2013 | H25
291人

とうがらし栽培を開始
集落民と「Helloさつま」と一緒に韓国研修へ

——

『MBCニューズナウ』
「やねだんとうがらしプロジェクト開始」7月
『世界一の九州が始まる！』(TBS系九州沖縄)
「奇跡の集落 "やねだん" 海を渡る」9月
『MBCニューズナウ』
「とうがらしプロジェクトで再び韓国へ」12月
TBS『報道の日2013 地域再生への闘い 奇跡の集落 "やねだん"』【全国放送】12月29日

2014 | H26
285人

5月、韓国との交流から生まれた「とうがらしプロジェクト」を記念する、特大とうがらしのモニュメント完成

——

『MBCニューズナウ』
「とうがらしプロジェクト　新商品続々」1月

「特大とうがらしモニュメント登場」5月
山縣、8月にMBCを退社し、九州大学理事に就任

2015 | H27　1月、石破茂地方創生担当大臣　やねだんを泊りがけで訪問
275人　8月、小泉進次郎内閣府大臣政務官　やねだんを泊りがけで訪問

——

『MBCニューズナウ』
「石破地方創生担当大臣　やねだん訪問」1月
「小泉進次郎政務官　やねだん訪問」8月

2016 | H28　[2016から2019年までの動き]
265人　「とうがらしプロジェクト」は、Helloさつまとの協働で、加工品が次々に開発され、2017年には、黒豚ととうがらし
2017 | H29　を使ったレトルト「エネルギッシュカレー」が発売されヒッ
258人　ト商品に。
〈やねだん故郷創世塾〉の塾生が、2007年の初回以降、
2018 | H30　2018年の25回目の開催をもって1000人を突破。
254人　現在も、〈めったに見られない芸術祭〉などは恒例行事として毎年開催され、8号館まで完成した〈迎賓館〉は宿泊施設として利用できるなど、初期から取り組んできた交流の場が根付いている。

——

山縣の退社後も、MBCでは継続してやねだんを取材し、福留カメラマンが通う

2019 | H31　2月、豊重さん、「平成30年度ふるさとづくり大賞内閣総理大臣賞」受賞
253人
[8月現在]　8月、豊重さんと山縣、九州大学にてドキュメンタリーの上映と講演会を開催

山縣由美子（やまがたゆみこ）
――
九州大学理事。元ＴＶキャスター。一九八一年九州大学文学部を卒業後、南日本放送にアナウンサーとして入社。「ＭＢＣ６時こちら報道」で鹿児島初の女性ニュースキャスターとなる。一九八九年フリーとなり、ＮＨＫ福岡放送局やＦＢＳ福岡放送でキャスターに。一九九七年南日本放送に復帰。キャスター業とドキュメンタリー番組制作を続け、「小さな町の大きな挑戦～ダイオキシンと向き合った川辺町の６年～」で文化庁芸術祭賞など、「やねだん～人口３００人、ボーナスが出る集落～」で早稲田ジャーナリズム大賞など様々な賞を受賞。二〇一四年一〇月、九州大学理事に就任。大学と社会をつなぐスポークスパーソンの役割を担い、広報改革などを指揮。

奇跡の集落やねだんを取材した日々

二〇一九年一〇月一〇日　初版

著者　山縣由美子

挿画・装画　なかむらるみ

ブックデザイン　小川順子

発行者　羽鳥和芳

発行所　株式会社　羽鳥書店

一一三―〇〇二二

東京都文京区千駄木一―二二―三〇

ザ・ヒルハウス五〇二

電話番号　〇三―三八二三―九三一九［編集］

〇三―三八二三―九三二〇［営業］

ファックス　〇三―三八二三―九三二一

http://www.hatorishoten.co.jp/

印刷・製本所　大日本法令印刷株式会社

ISBN 978-4-904702-78-9　Printed in Japan